ALL TOCHIGI ATHLETE MAGAZINE
SPRIDE
［スプライド］
特別号

第98回 全国高校野球選手権大会
作新学院 全国制覇

目次

歓喜の瞬間

歓喜の瞬間

大和証

大阪行岡医療大學

ベルコ
大和証
大阪行岡医療大學

この瞬間に　時よ、止まれ

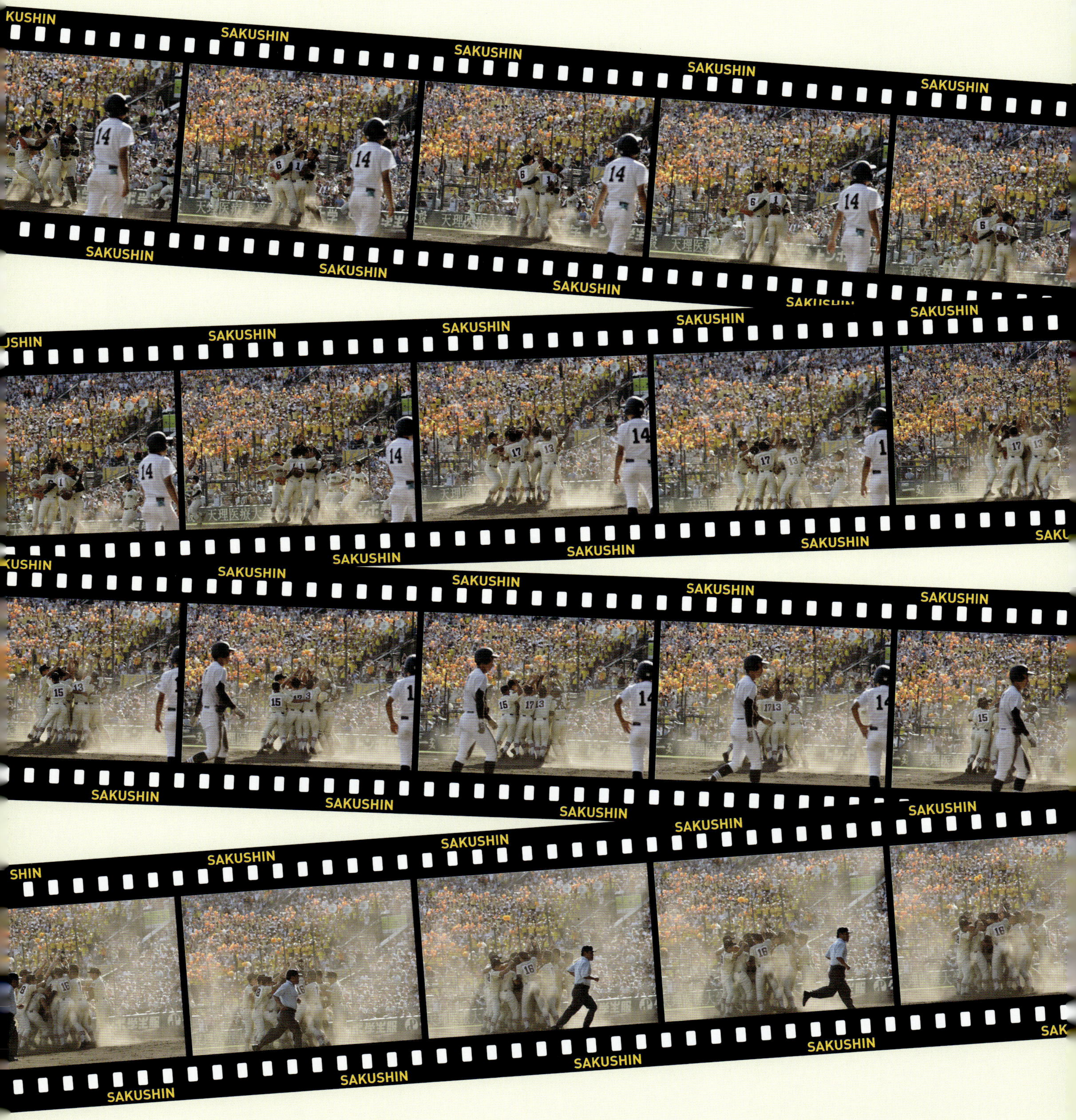

戦い終えて　作新学院　完全燃焼

苦しみ乗り越え　喜び爆発

〝小針野球〟聖地で開花

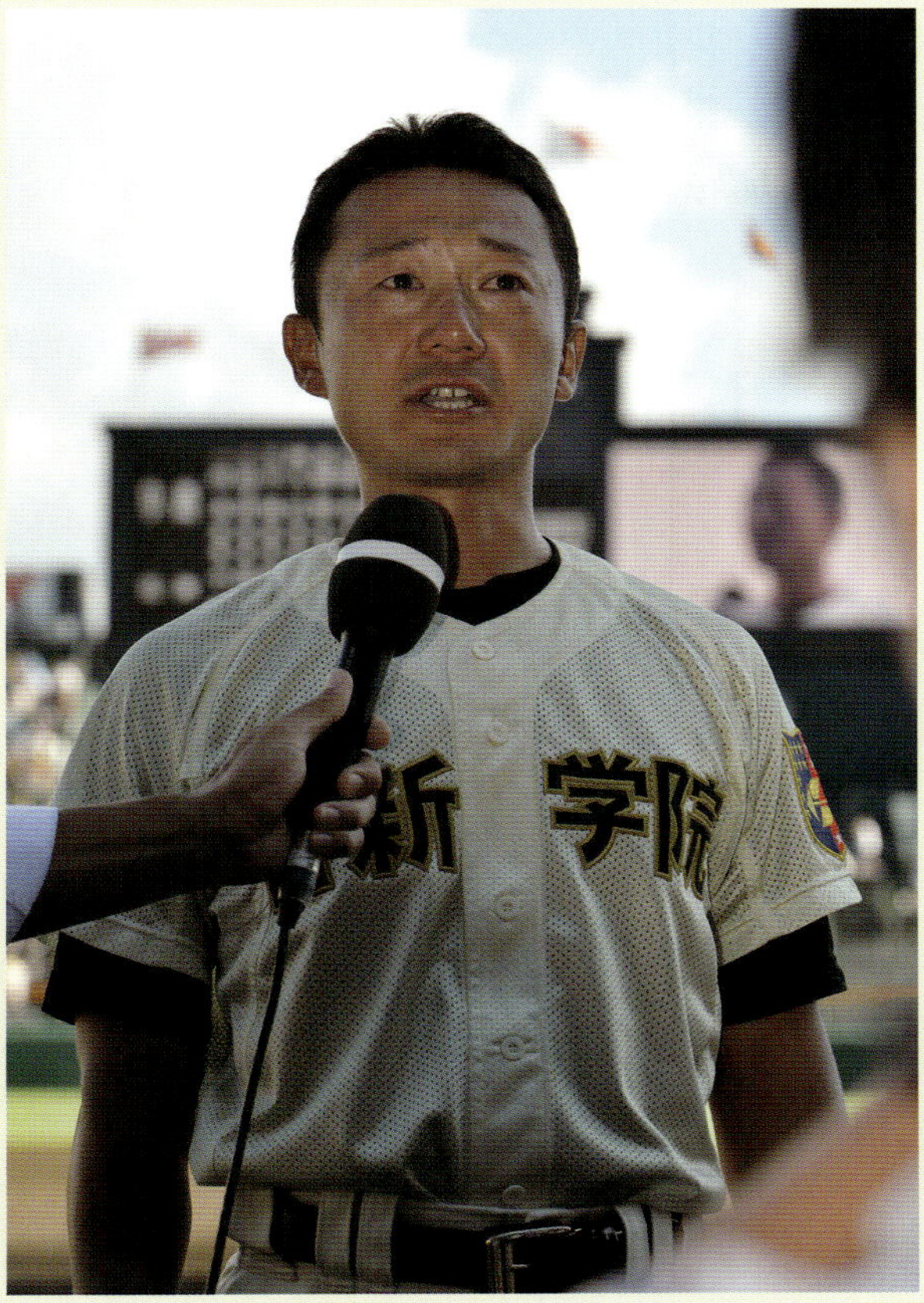

半世紀の時を超え
深紅の大優勝旗は
作新学院の手に

CITIZEN
B
S
O
作新学院
北海
一 山本 6 6 小野
二 山ノ井 9 4 菅野
三 小林 8 5 佐藤佑
四 入江 3 2 佐藤大
五 藤野 4 3 川村
六 鈴木 7 1 多間
七 篠﨑 5 打 井上
八 仲尾 2 7 大西
九 今井 1 8 鈴木
UMPIRES
PL 古川
IB 野口
IIB 美野
IIIB 尾崎
MITSUBISHI ELECTRIC
北海

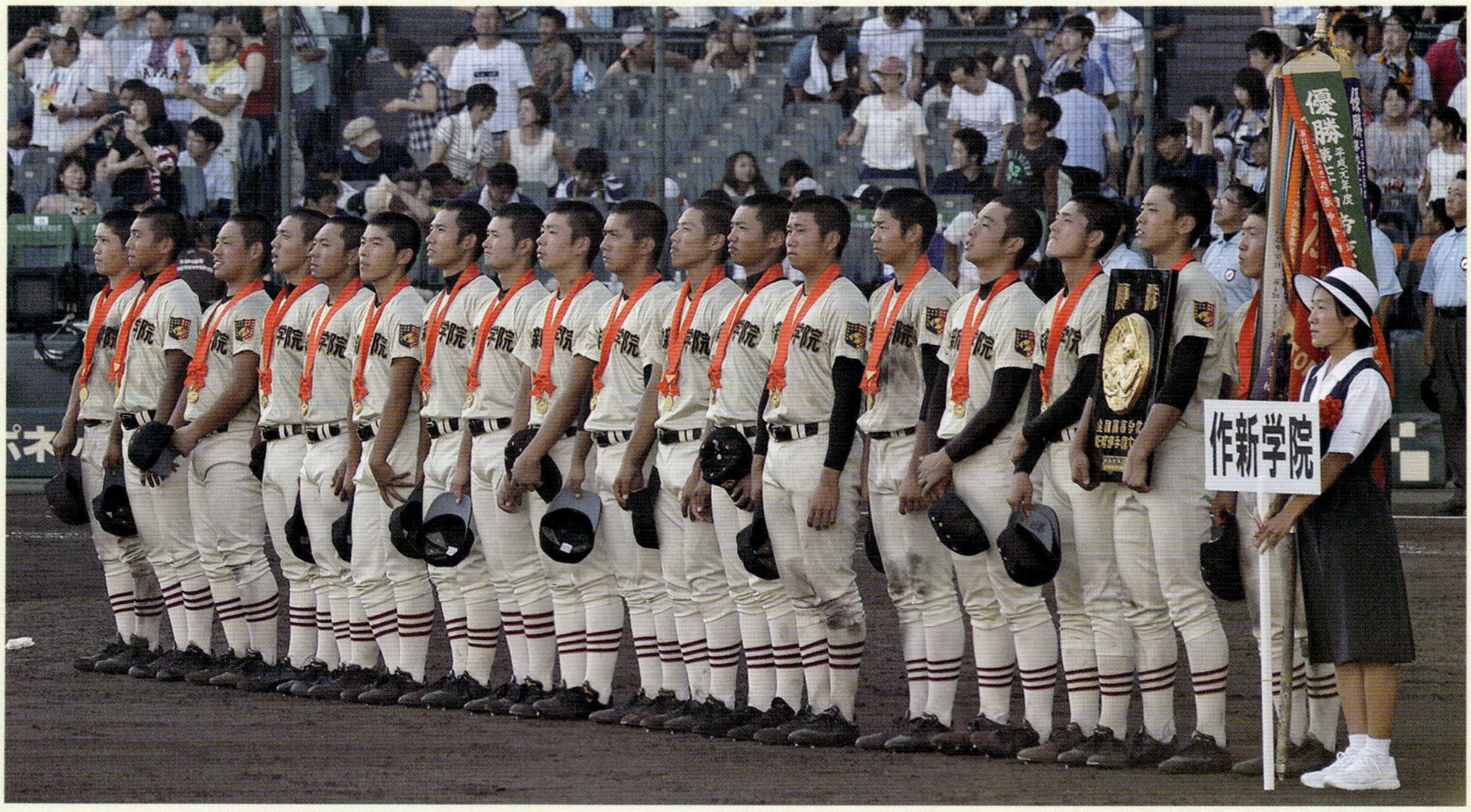
作新学院
優勝

千寿製薬
そこにある夢
武道大学
UCC COFFEE
ELEVEN
SAKUSHIN GAKUIN
BASEBALL TEAM

笑顔で甲子園の砂を
持ち帰ることのできるのは
頂点に立った一校のみ

作新学院
應援團

勇者の行進　スタンドと一体

叫んだ！笑った！泣いた！応援の華

カニトップ
尼崎信用金庫
日本大学

アンフィニ・ホーム
日立アドバンス
オロナミンC
藍野大学
一生茶
尼崎信用金庫

アンフィニ・ホーム

第四十四回(37年)全国高等学校野球選手権大会
於甲子園
優勝

白波

アンフィニィ・ホーム
日成アドバンス
尼崎信用金庫

藍野大学
尼崎信用金庫

KIRIN 生茶
YAMAHA

尼崎信用金庫
YKK
藍野大学
生茶

LAWSON
YKK

Lala place
日商エステム
作新学院

藍野大学
KIRIN 生茶
作新学

Lala place
作新学院

Lala place
作新学院

LAWSON
YKK
作新学院

尼崎信用金庫
YKK
UR賃貸住宅
0円

凱旋

優勝
平成二十一年度
第九十一回
中京大学附属中京高等学校
優勝

優勝報告

祝 作新学院高等学校 優勝
第98回全国高等学校野球選手権大会

下野新聞
しもつけ
発行所　宇都宮市昭和1丁目8番11号
〒320－8686
下野新聞社
電話 028－625－1111
郵便振替口座 00180－1－623433
©下野新聞社 2016
読者室 028-625-1179
（受付　月～金・午前10時～午後6時）
編集局 028-625-1121
販　売 028-625-1120（販売）
事業局 028-625-1134（事業・教育）
営業局 028-625-1133（広告）
下野新聞社ホームページ
http://www.shimotsuke.co.jp/

号外

作新 全国制覇

北海を破って54年ぶり２度目の優勝を決め、喜ぶ完投の今井（右から２人目）ら作新学院ナイン＝甲子園

全国高校野球　54年ぶり２度目

北海に７－１逆転勝ち

　甲子園に作新の風が吹き起こった。第98回全国高校野球選手権大会最終日は21日、甲子園球場で決勝を行い、本県代表の作新学院が南北海道代表の北海に７―１と逆転勝ち、春夏連覇を成し遂げた1962年の第44回大会以来、54年ぶり２度目の全国制覇、深紅の大優勝旗を手にした。

　守って、走って、打つ。甲子園の決勝という大舞台で作新らしさが全開。11安打の打線と無失策の守り、攻めの走塁がかみ合った。

　今大会初めて先制を許した作新は、１点を追う四回、山《やま》本《もと》拳《げん》輝《き》の２点二塁打など４安打を集中、５点を挙げ逆転に成功。五回は途中出場の鈴木《すずき》萌斗《もえと》が相手守備の隙を突く好走塁で１点を追加。七回は鮎《あゆ》ケ瀬《がせ》一也《かずや》の右前適時打でそれぞれ１点を追加した。

　先発の今井《いまい》達也《たつや》は最速152キロの速球と切れ味鋭い変化球で被安打７、９奪三振。ピンチの場面では山本、鈴木の好守備にも助けられ、強打の北海打線を１失点に抑えた。

　優勝を決めた小針《こばり》崇宏《たかひろ》監督は「選手たちがよく頑張り抜き、成長してくれた。作新の伝統をつくってくれたＯＢに感謝し、大優勝旗を宇都宮に持ち帰り、見せたいと思って臨んだ。選手たちは最後まで上手になってくれた。褒めたい」と話した。

▽決勝（阪神甲子園球場、観衆４万4000人）

	1	2	3	4	5	6	7	8	9	計
作新	0	0	0	5	1	0	1	0	0	7
北海	0	1	0	0	0	0	0	0	0	1

（作）今井―鮎ケ瀬、仲尾（北）大西、多間―佐藤大
▽二塁打　藤野、山本、鈴木（作）

下野新聞　2016年（平成28年）8月21日（日曜日）　2

栄光つかんだ挑戦者の夏

作新―北海（南北海道）決勝　4回表作新無死満塁、篠崎が同点の内野ゴロを放つ＝甲子園

第98回全国高校野球選手権大会

京都翔英（京都）1
樟南（鹿児島）9 3
花咲徳栄（埼玉）6 6 2
大曲工（秋田）1 6
尽誠学園（香川）0
作新 3 3
木更津総合（千葉）2 1
唐津商（佐賀）0
関東第一（東東京）1 2
広島新庄（広島）2 7 0
富山第一（富山）1 1
中越（新潟）0 10
創志学園（岡山）8 2
九州国際大付（福岡）6 11
盛岡大付（岩手）8 9
佐久長聖（長野）2 11
鳴門（徳島）3 5
出雲（島根）1 2 0
智弁学園（奈良）6 3
嘉手納（沖縄）10
前橋育英（群馬）3 5
明徳義塾（高知）7 13
境（鳥取）2
星稜（石川）2　7 作
市和歌山（和歌山）8 4　1 新
八王子学園八王子（西東京）1 6 1
日南学園（宮崎）7 4
松山聖陵（愛媛）1
北海（南北海道）2 7
東邦（愛知）19
北陸（福井）9 10 3
市尼崎（兵庫）4 9
八戸学院光星（青森）5 2
聖光学院（福島）5 5
クラーク（北北海道）3
近江（滋賀）0 4
常総学院（茨城）11 8 3
中京（岐阜）12 3
大分（大分）4 7
東北（宮城）1 4
横浜（神奈川）7 1
高川学園（山口）1 5 1
履正社（大阪）5 4
秀岳館（熊本）6
常葉学園菊川（静岡）1 6
山梨学院（山梨）5 1
長崎商（長崎）3 2
いなべ総合学園（三重）5 7
鶴岡東（山形）3

栃木大会の成績

▽1回戦	12―0	宇都宮
▽2回戦	15―0	大田原
▽3回戦	10―2	清陵
▽準々決勝	6―4	文星付
▽準決勝	10―3	矢板中央
▽決勝	15―6	国学栃木

4回表の猛攻を声援で後押しする一塁側アルプススタンド

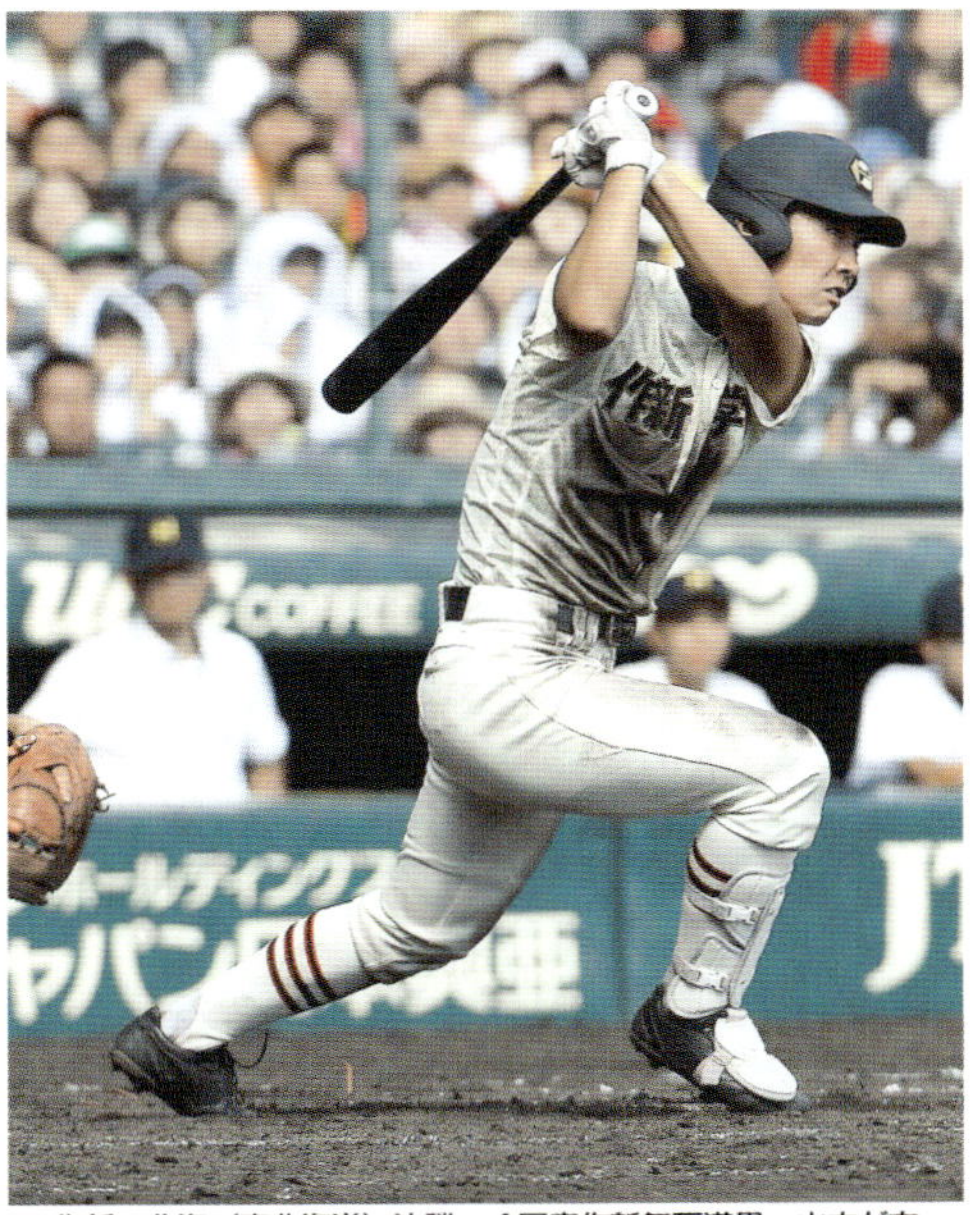

作新―北海（南北海道）決勝　4回表作新無死満塁、山本が右翼線に2点適時二塁打を放つ

北海戦に先発した作新の今井

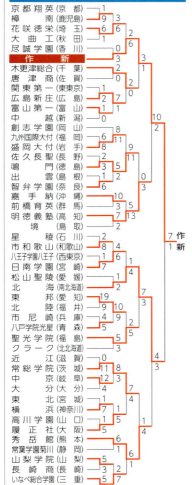

栄冠への試練　今大会初めて先制許す

▽決勝（観衆4万4000人）

【作新】	1	2	3	4		5	6	7	8	9	打	得	安	点	振	球	犠	盗	失	残
▼⑥山本	四球		左安	右2		左飛			中飛		4	0	2	2	0	1	0	1	0	2
▼⑨山ノ井	遊併		遊飛	中飛			右飛		右飛		5	0	0	0	0	0	0	0	0	0
▼⑧小林	死球		遊ゴ	三振			三振		二ゴ		4	0	0	0	2	1	0	0	0	1
③入江	三振			四球	四球		左安			遊ゴ	3	1	1	0	1	2	0	0	0	1
▼④藤野		中飛		中2	遊ゴ		二直			中飛	5	1	1	0	0	0	0	0	0	1
⑦碇		三振									1	0	0	0	1	0	0	0	0	0
▼7鈴木				四球		捕安		左2		二ゴ	3	3	2	0	0	1	0	0	0	0
▼⑤篠崎		中安		一失		右安		投犠			3	1	2	0	0	0	1	2	0	2
▼②鮎ケ瀬		左飛		中安		三振		右安			4	1	2	2	1	0	0	0	0	0
▼2仲尾											0	0	0	0	0	0	0	0	0	0
①今井			三振	右安		三振		二併			4	0	1	1	2	0	0	0	0	1
計											36	7	11	5	7	5	1	3	0	8

【北海】	1	2	3	4	5	6	7	8	9	打	得	安	点	振	球	犠	盗	失	残
▼⑥小野	三振	遊ゴ			三振		三振			4	0	0	0	3	0	0	0	0	0
▼④菅野	左安		二ゴ		四球		三振			3	0	1	0	1	1	0	0	0	2
▼⑤佐藤佑	投ゴ		右飛		三振			三振		4	0	0	0	2	0	0	0	0	0
②佐藤大	二ゴ		三振			三振		遊ゴ		4	0	0	0	2	0	0	0	0	0
▼③川村		四球		中飛		二安		二ゴ		3	1	1	0	0	1	0	0	1	1
⑦布施		投犠								0	0	0	0	0	0	1	0	0	0
▼1多間				左安		左安			中安	3	0	3	0	0	0	0	0	0	2
▼⑨下方		投ゴ		左飛		二飛				3	0	0	0	0	0	0	0	0	0
H井上									遊ゴ	1	0	0	0	0	0	0	0	0	0
①7大西		四球		二飛		一邪			三振	3	0	0	0	1	1	0	0	0	1
⑧鈴木		左安			三飛		中飛		左安	4	0	2	1	0	0	0	0	0	2
計										32	1	7	1	9	3	1	0	1	8

▼は左

投手	回数	打者	被安	奪三	与球	失点	自責	球数
今井	9	36	7	9	3	1	1	132
大西	3⅔	18	5	3	4	5	4	70
多間	6	24	6	4	1	2	2	91

▽審判（球）古川（塁）野口、美野、尾崎▽試合時間　2時間15分

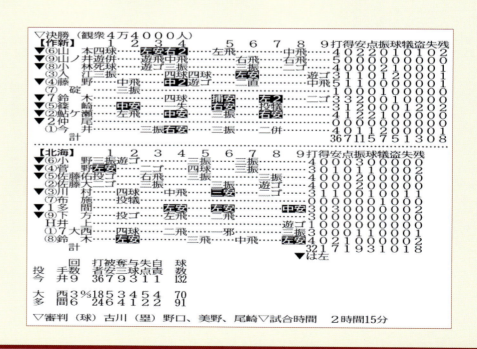

エースの覚悟

4回表無死満塁から鮎ケ瀬が中前に勝ち越しの適時打を放つ

打線爆発　エースを援護

4回表無死満塁、山本が右翼線に2点適時二塁打を放つ。

決勝 8.21 作新学院 7-1 北海

5回表、鈴木が捕前バント。俊足を生かして内野安打にし、好機をつくる

4回表無死満塁、鮎ケ瀬の中前適時打で三走・藤野が勝ち越しのホームを踏む

4回表無死満塁、山本の2点適時二塁打で三走・篠崎がホームイン

決勝 8.21 作新学院 7-1 北海

耐え抜いたエース そして最後に笑った

作新 決勝進出

春夏連覇以来54年ぶりの決勝進出を決め応援席に駆け出す作新ナイン＝20日午後0時30分、兵庫県西宮市の甲子園

15安打猛攻、明徳破る

作新	2	0	3	3	1	1	0	0	0	10
明徳義塾	0	0	1	1	0	0	0	0	0	2

第98回全国高校野球

第98回全国高校野球選手権大会第13日は20日、甲子園球場で準決勝を行い、本県代表の作新は高知県代表の明徳義塾と対戦、長打7本を含む15安打の猛攻で10—2で勝利し、史上初の春夏連覇を果たした1962年以来54年ぶりの決勝進出を決めた。

作新は初回1死二、三塁で藤野佑介が右翼線へ2点適時打を放ち先制した。その後も三回に藤野が再び2点適時打を放つと、四回には山ノ井隆雅の適時内野安打など攻撃の手を緩めず、三回から六回までで8点を加えて突き放した。

エース今井達也は初回に1死満塁の危機を迎えたが、併殺で切り抜けた。その後も毎回走者を背負い、三回にはソロ本塁打、四回に犠飛で失点したが、変化球を主体とした投球で要所を締めた。六回以降は宇賀神陸玖、入江大生と今大会初の継投で試合を締めた。

決勝は21日、午後2時から行われ、全国3874校の頂点が決まる。

下野新聞

しもつけ

発行所　宇都宮市昭和1丁目8番11号
〒320−8686
下野新聞社
電話 028−625−1111
郵便振替口座 00180−1−623433

読者室 028−625−1179
（受付　月〜金・午前10時〜午後6時）
編集局 028−625−1121
販　売 028−625−1120（販売）
事業局 028−625−1134（事業・教育）
営業局 028−625−1133（広告）

電子号外

準決勝 8.20 作新学院 10-2 明徳義塾

決勝へー。ナインの気迫全開

1回表、藤野が先制の2点二塁打を放ち、雄たけびを上げて一塁に走る。三走は山ノ井

▽準決勝（観衆4万2千人）

【作新】	1	2	3	4	5	6	7	8	9	打	得	安	点	振	球	犠	盗	失	残
▼⑥山本	中飛		右安	二ゴ	右飛		四球		三飛	5	1	1	0	0	1	0	0	1	1
▼⑨山ノ井	一失		二安	一安		三振	中飛			5	2	2	1	1	0	0	2	0	0
③入江	四球		二ゴ	二飛		三失		遊飛		4	3	0	1	0	1	0	0	0	0
▼⑧小林	二ゴ		右2	左安		右安		中飛		5	1	3	1	0	0	0	0	0	2
▼8鈴木										0	0	0	0	0	0	0	0	0	0
▼④藤野	右2		左2	投直		二ゴ		遊飛		5	0	2	4	0	0	0	0	0	2
⑦碇	三ゴ		一飛							2	0	0	0	0	0	0	0	0	0
▼H7栗原					中飛	二ゴ				2	0	0	0	0	0	0	0	0	0
▼13宇賀神									三振	1	0	0	0	1	0	0	0	0	0
▼⑤篠崎		遊ゴ	二ゴ		右3		三ゴ		二ゴ	5	1	1	0	0	0	0	0	0	0
▼②鮎ケ瀬		三振		中2	右犠		中2		中安	4	1	3	1	1	0	1	0	0	2
①9今井		三振		左2	右2		三ゴ		右安	5	1	3	1	1	0	0	0	0	2
計										43	10	15	9	4	2	1	2	1	9

【明徳】	1	2	3	4	5	6	7	8	9	打	得	安	点	振	球	犠	盗	失	残
▼⑧立花	三振		三飛	左犠			遊飛	投ゴ		4	0	0	1	1	0	1	0	0	0
⑦西村	四球		左本	遊ゴ			左安		三振	4	1	2	1	1	1	0	0	0	2
▼③西浦	右安		死球		二ゴ		左安		二ゴ	4	0	2	0	0	1	0	0	1	3
②古賀	四球		左安		右安		左安		遊ゴ	4	0	3	0	0	1	0	0	0	3
⑨谷合	遊併		右飛		三振					3	0	0	0	1	0	0	0	1	0
▼9脇屋							三振			1	0	0	0	1	0	0	0	1	0
⑤大北		右飛	二ゴ		遊飛		左飛			4	0	0	0	0	0	0	0	1	0
⑥高村		四球		遊失		右安		右飛		3	1	1	0	0	1	0	0	0	0
④今井		遊ゴ		遊安		投併		右安		4	0	2	0	0	0	0	0	0	3
①中野		三振								1	0	0	0	1	0	0	0	0	0
1金津				投犠		三振				1	0	0	0	1	0	1	0	0	0
H水島								三振		1	0	0	0	1	0	0	0	0	0
1林田										0	0	0	0	0	0	0	0	0	0
計										34	2	10	2	7	4	2	0	4	11

▼は左

投手	回数	打者	被安	奪三	与球	失点	自責	球数
今井	5	24	5	3	4	2	1	96
▼宇賀神	3	13	5	3	0	0	0	64
入江	1	3	0	1	0	0	0	13
中野	3⅔	22	9	2	1	8	5	86
金津	4⅓	19	4	1	1	2	1	60
林田	1	5	2	1	0	0	0	19

▽暴投　明1（中野）
▽審判　（球）長谷川（塁）堅田、金丸、小山▽試合時間　2時間30分

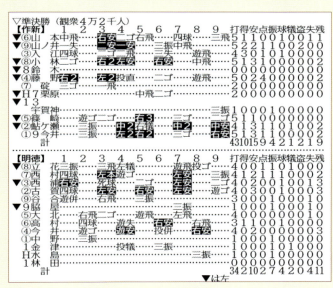

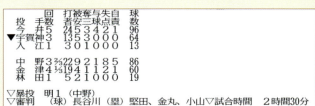

3回表作新無死、右前打の山本が敵失の間に二塁を陥れる

果敢な走塁　魅せた機動力

二盗を決める山ノ井。果敢な盗塁で好機を広げた

準決勝 8.20 作新学院 10-2 明徳義塾

4回表一死三塁、山ノ井の内野安打で三走・今井がホームイン

常に一つ先の塁を狙う

1回表2死二塁、藤野が暴投の間に三塁を陥れる

３回裏にソロ本塁打を許した今井

主戦連投の疲れ ねぎらう監督

今井を笑顔で迎える小針監督

準決勝 8.20 作新学院 10-2 明徳義塾

6回裏から登板し、3回を無失点に抑えた宇賀神

桧舞台で会心リレー

宇賀神・入江

9回裏に登板し、140㌔超の直球を投げ込んだ入江

下野新聞 2016年（平成28年）8月18日（木曜日）

5年ぶり

作新4強

作新－木更津総合（千葉）準々決勝　3回表作新2死一塁、山ノ井が右翼越えに2点本塁打を放つ＝兵庫県西宮市の甲子園

下野新聞
しもつけ
発行所　宇都宮市昭和1丁目8番11号
〒320－8686
下野新聞社
電話 028－625－1111
郵便振替口座 00180－1－623433

読者室 028－625－1179
（受付　月～金・午前10時～午後6時）
編集局 028－625－1121
販　売 028－625－1120（販売）
事業局 028－625－1134（事業・教育）
営業局 028－625－1133（広告）
PC・スマホ・携帯でも
下野新聞 検索
下野新聞社ホームページ
http://www.shimotsuke.co.jp/

電子号外

木更津総合 振り切る

作　新	1	0	2	0	0	0	0	0	0	3
木更津	0	0	0	0	0	0	1	0	0	1

第98回全国高校野球

第98回全国高校野球選手権大会第12日は18日、甲子園球場で準々決勝を行い、本県代表の作新は千葉県代表の木更津総合と対戦、入江大生、山ノ井隆雅の本塁打で序盤に主導権をつかんだ作新が3―1で競り勝ち、5年ぶりの4強入りを決めた。入江は初戦から3試合連続本塁打で、県勢初、大会史上6人目の記録となった。

作新は初回2死から入江が左中間へソロ本塁打。今大会2完封の相手左腕・早川隆久から先制に成功した。三回には2死から山本拳輝が四球で出塁すると、山ノ井が右越え本塁打を放ち、試合の流れを引き寄せた。

投げてはエース・今井達也が低めを意識した丁寧な投球で六回まで無失点。七回には1点を返されたが、九回は自己最速、今大会最速タイの152キロを含む150キロ台を連発する圧巻の投球で締めくくった。

作新は同校が春夏連覇を果たした1962年以来54年ぶりの決勝進出を懸けて、20日の準決勝第1試合（午前10時開始予定）で高知県代表の明徳義塾と対戦する。

準々決勝 8.18 作新学院 3-1 木更津総合

1 回表作新２死、入江が左中間に３試合連続となるソロ本塁打を放つ

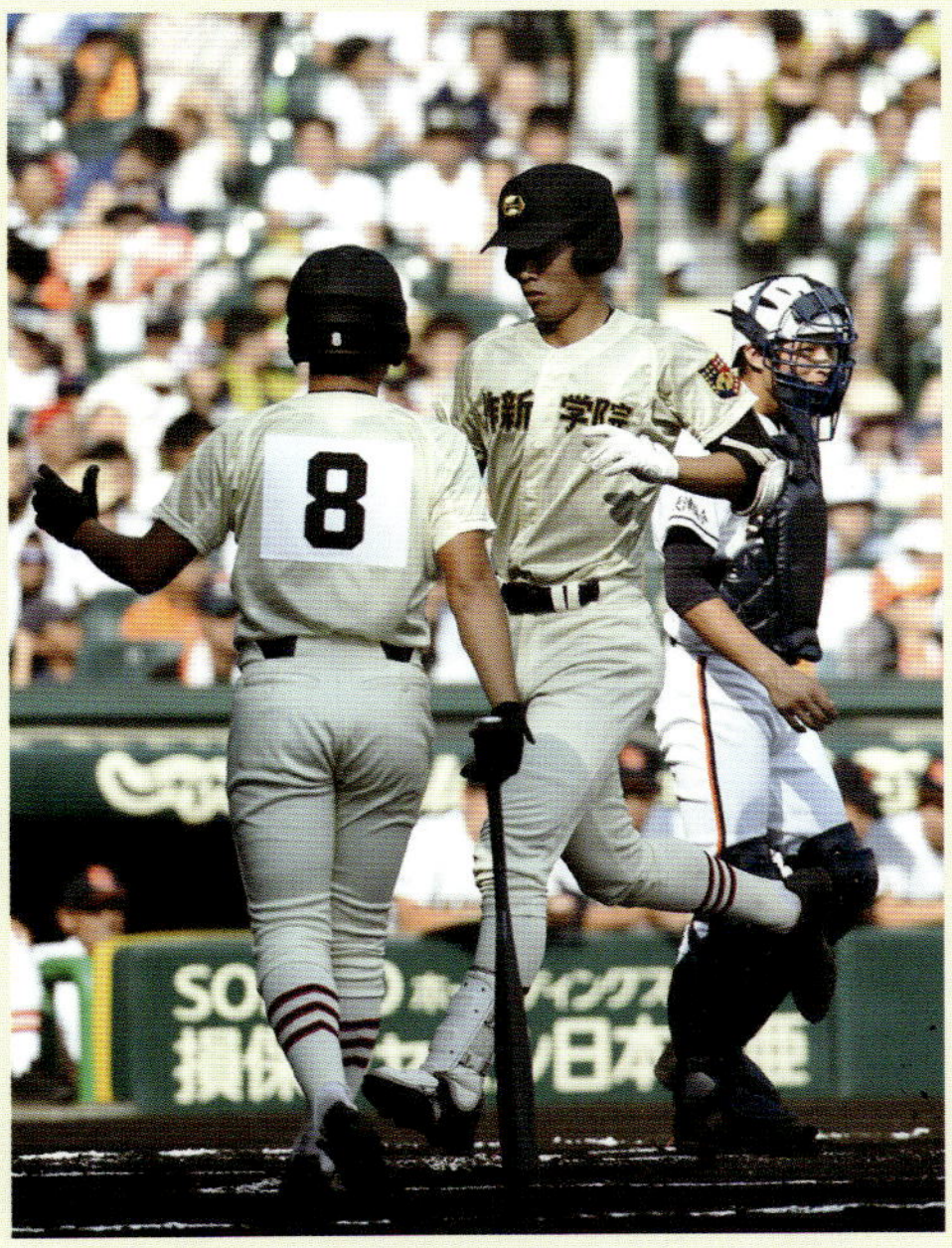

３試合連続本塁打 大会記録に並ぶ 入江

▽準々決勝（観衆　3万5千人）

【作新】	1	2	3	4	5	6	7	8	9	打	得	安	点	振	球	犠	盗	失	残
▼⑥山　本	中飛		四球		二ゴ			左飛		3	1	0	0	0	1	0	0	0	0
▼⑨山ノ井	右飛		右本			左飛		一直		4	1	1	2	0	0	0	0	0	0
③入　江	中本		三ゴ			左安			左飛	4	1	2	1	0	0	0	0	0	1
▼⑧小　林	三振			左邪		三振			一ゴ	4	0	0	0	2	0	0	0	0	0
▼④藤　野		左飛		左安		三振			投ゴ	4	0	1	0	1	0	0	0	0	0
⑦　碇		三振		三併			左飛			3	0	0	0	1	0	0	0	0	0
▼7鈴　木										0	0	0	0	0	0	0	0	0	0
▼⑤篠　崎		遊飛			中飛		中安			3	0	1	0	0	0	0	0	0	0
▼②鮎ケ瀬			三振		三振		三振			3	0	0	0	3	0	0	0	0	0
①今　井			一邪		左安			右飛		3	0	1	0	0	0	0	0	0	1
計										31	3	6	3	7	1	0	0	0	2

【木更津総合】	1	2	3	4	5	6	7	8	9	打	得	安	点	振	球	犠	盗	失	残
▼⑥峯　村	遊直		二ゴ		左安		四球			3	0	1	0	0	1	0	1	0	2
▼⑧木　戸	二飛			中安	三振			一ゴ		4	0	1	0	1	0	0	0	0	1
④小　池	四球			一犠		右飛		左安		2	0	1	0	0	1	1	1	0	1
⑨鳥　海	三振			三振		三振		左2		4	0	1	0	3	0	0	0	0	1
▼⑦細　田		二ゴ		死球		中飛		三振		3	0	0	0	1	1	0	0	0	1
⑤井　上		遊飛		左飛			四球		遊ゴ	3	1	0	0	0	1	0	0	0	0
▼③山　下		三振			左飛					2	0	0	0	1	0	0	0	0	0
H3大熊							右飛		遊ゴ	2	0	0	0	0	0	0	0	0	0
▼①早　川			三振		左飛		一ゴ		三振	4	0	0	0	2	0	0	0	0	0
②大　沢			三振		左安		右安			3	0	2	1	1	0	0	0	0	1
計										30	1	6	1	9	4	1	2	0	7

▼は左

投手	回数	打者	被安	奪三	与球	失点	自責	球数
今　井	9	35	6	9	4	1	1	125
▼早　川	9	32	6	7	1	3	3	104

▽審判（球）堅田（塁）古川、三宅、美野▽試合時間　1時間41分

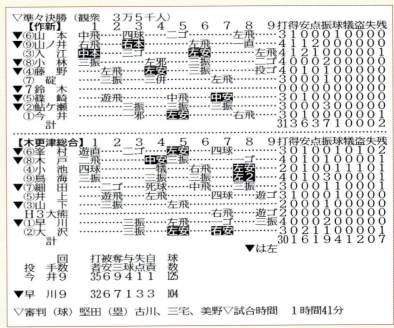

5回裏木更津総合2死二、三塁、今井が気迫の投球で三振を奪い、ピンチを切り抜ける

150㌔台連発　圧巻の投球　今井

準々決勝 8.18 作新学院 3-1 木更津総合

3回表作新2死一塁、山ノ井が右翼越えに2点本塁打を放つ

値千金の2点本塁打

山ノ井

粘り強い投球を見せたエース今井

4強入りへ　攻守の歯車がっちり

準々決勝 8.18 作新学院 3-1 木更津総合

7回裏木更津総合2死一、二塁、今井のけん制で二走を刺し、遊撃・山本が雄たけびを上げる

下野新聞　2016年（平成28年）8月17日（水曜日）

作新4年ぶり8強

下野新聞
しもつけ
発行所　宇都宮市昭和1丁目8番11号
〒320－8686
下野新聞社
電話 028－625－1111
郵便振替口座 00180－1－623433

読者室 028-625-1179
（受付　月～金・午前10時～午後6時）
編集局 028-625-1121
販　売 028-625-1120（販売）
事業局 028-625-1134（事業・教育）
営業局 028-625-1133（広告）

電子号外

花咲徳栄（埼玉）ー作新3回戦　2回裏作新2死二、三塁、山ノ井の中前2点適時打で三走・鮎ケ瀬に続いて二走・今井がホームイン＝17日午前11時20分、兵庫県西宮市の甲子園

2回に猛攻、流れ離さず

花咲徳栄	0	0	0	1	0	0	0	1	0	2
作　新	0	5	0	0	0	0	0	1	X	6

第98回全国高校野球

第98回全国高校野球選手権大会第11日は17日、甲子園球場で3回戦を行い、本県代表の作新は埼玉県代表の花咲徳栄と対戦、二回に打者一巡の猛攻でビッグイニングをつくった作新が6―2で関東地区対決を制し、4年ぶりに準々決勝に駒を進めた。

作新は初戦の2回戦に続きエース今井達也が先発。初回に自己最速を更新する152キロをマークし、2奪三振の三者凡退に切って取る完璧な立ち上がりを見せた。

二回の攻撃は先頭・碇大誠の内野安打を足場に、1死一、三塁で今井が先制の右前適時打。2死二、三塁から山ノ井隆雅が2点適時打で加点、続く入江大生が左翼席に2点本塁打を放って一挙5得点、一気に流れを引き寄せた。

リードをもらった今井はその後も好投を続け、八回にソロ本塁打を許すなどしたが、10奪三振、2失点完投で試合を締めた。

5年ぶりのベスト4を懸けた作新の次戦は18日の第4試合に行われる。

2回裏作新2死二塁、入江が左越えに2試合連続となる本塁打を放つ

流れ引き寄せる2試合連続本塁打

入江

▽3回戦（観衆　4万3千人）

【花咲徳栄】	1	2	3	4	5	6	7	8	9	打	得	安	点	振	球	犠	盗	失	残
▼④千　丸	三振		四球		右飛		死球			2	0	0	0	1	2	0	0	0	1
⑨高橋哉	三振		三ゴ		遊失		三振			4	0	0	0	2	0	0	1	1	1
▼⑥岡　崎	三ゴ			投ゴ	投安			捕邪		4	0	1	0	0	0	0	0	1	1
▼⑦西　川		三振		中安	死球			三振		3	1	1	0	2	1	0	0	0	1
▼⑤楠　本		右2		左安	捕邪			右本		4	1	3	1	0	0	0	0	0	2
▼⑧山　本		一ゴ		右安		三振		投ゴ		4	0	1	1	1	0	0	0	0	0
③西　銘		遊ゴ		左飛		一邪			左飛	4	0	0	0	0	0	0	0	0	0
①綱　脇										0	0	0	0	0	0	0	0	0	0
1清　水			三振							1	0	0	0	1	0	0	0	0	0
▼H須　永				遊ゴ						1	0	0	0	0	0	0	0	0	1
▼1高橋昂						二ゴ				1	0	0	0	0	0	0	0	0	0
▼H隈　本									四球	0	0	0	0	0	1	0	0	0	0
R篠　田										0	0	0	0	0	0	0	0	0	0
②野　本			三振		三振		三振		三併	4	0	0	0	3	0	0	0	0	0
計										32	2	6	2	10	4	0	1	2	7

【作　新】	1	2	3	4	5	6	7	8	9	打	得	安	点	振	球	犠	盗	失	残
▼⑥山　本	四球	一ゴ		三振		投ゴ		三振		4	0	0	0	2	1	0	0	1	0
▼⑨山ノ井	三振	中安		二ゴ			三邪			4	1	1	2	1	0	0	0	0	0
③入　江	右安	左本		遊ゴ			二ゴ			4	1	2	2	0	0	0	0	0	1
▼⑧小　林	左安	四球			右2		右安			3	0	3	0	0	1	0	0	0	2
▼R8鈴木										0	0	0	0	0	0	0	0	0	1
▼④藤　野	遊ゴ	三振			左飛					3	0	0	0	1	0	0	0	0	1
▼4添　田							中飛			1	0	0	0	0	0	0	0	0	0
⑦　碇		遊安	三飛		三振			遊失		4	2	1	0	1	0	0	0	0	0
▼⑤篠　崎		左安	遊ゴ		左飛			投犠		3	0	1	0	0	0	1	0	0	0
▼②鮎ケ瀬		一ゴ	右2			二ゴ		二ゴ		4	1	1	0	0	0	0	0	0	1
①今　井		右安	投ゴ			三振		右安		4	1	2	2	1	0	0	0	0	1
計										34	6	11	6	6	2	1	0	1	7

▼は左

投　手	回数	打者	被安	奪三	与球	失点	自責	球数
綱　脇	1 2/3	12	7	1	1	5	5	40
清　水	1 1/3	6	1	1	1	0	0	25
▼高橋昂	5	19	3	4	0	1	0	72
今　井	9	36	6	10	4	2	2	132

▽併殺　作1
▽暴投　花1（高橋昂）
▽審判（球）野口（塁）金丸、三宅、西貝▽試合時間　2時間6分

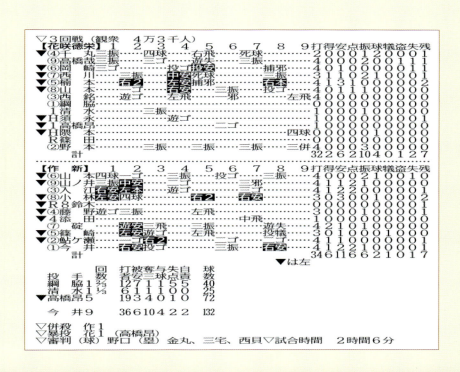

ピンチの場面でエース今井に伝令する藤沼（中央左）。チームは心を一つにしてピンチを脱した

声と堅守でエースを盛り立てる

3回表、今井のけん制球を受ける入江

3回戦 8.17 作新学院 6-2 花咲徳栄

本領発揮の集中打

2回裏、今井の右前適時打で三走・碇がホームイン

2回裏、山ノ井の中前2点適時打で三走・鮎ケ瀬がホームを踏む

8回裏、今井の右前適時打で三走・碇がホームイン

下　野　新　聞　2016年（平成28年）8月12日（金曜日）

作新 初戦突破

下野新聞
しもつけ
発行所　宇都宮市昭和1丁目8番11号
〒320－8686
下野新聞社
電話 028－625－1111
郵便振替口座 00180－1－623433

読者室 028−625−1179
（受付　月～金・午前10時～午後6時）
編集局 028−625−1121
販　売 028−625−1120（販売）
事業局 028−625−1134（事業・教育）
営業局 028−625−1133（広告）

電子号外

尽誠学園（香川）－作新２回戦　１回表作新無死二、三塁、小林の内野安打で三走・山本が先制のホームイン＝12日午後２時55分、兵庫県西宮市の阪神甲子園球場

今井完封、13奪三振

作新	2	0	0	0	0	0	1	0	0	3
尽誠	0	0	0	0	0	0	0	0	0	0

第98回全国高校野球

第98回全国高校野球選手権大会第6日は12日、甲子園球場で2回戦を行い、本県代表の作新は香川代表の尽誠学園と対戦、エース今井達也（いまいたつや）の好投で3－0の完封勝ちを収めた。

作新は初回、山ノ井隆雅（やまのいりゅうが）の左翼線二塁打でチャンスを広げると、入江大生（いりえたいせい）の右前適時打などで2点を先制した。

その後相手左腕の変化球に手を焼き、なかなか追加点を挙げることができなかったが、七回に入江が左翼席にソロ本塁打を放ち、貴重な1点を加えた。

先発の今井は13奪三振、被安打5。9回を1人で投げきり、今大会初の完封勝ち。二回の1死二、三塁のピンチでは最速151キロのストレートで連続三振に切って取った。

ベスト8を懸けた作新の3回戦は17日。大会第11日の第2試合に行われる。

2回戦 8.12 作新学院 3-0 尽誠学園

1回表作新無死二、三塁、小林の内野ゴロで
三走・山本が先制のホームイン

▽2回戦（観衆44,000人）

【作新】	1	2	3	4	5	6	7	8	9	打	得	安	点	振	球	犠	盗	失	残
▼⑥山本	死球		三振		中安	右飛		三振		4	1	1	0	2	1	0	0	0	1
▼⑨山ノ井	左2		投ゴ		中安		二ゴ	右飛		5	1	2	0	0	0	0	0	0	1
▼⑧小林	遊ゴ		二ゴ		中飛		二ゴ		中安	5	0	1	1	0	0	0	0	0	0
▼R8鈴木										0	0	0	0	0	0	0	1	0	1
③入江	右安			遊ゴ	四球		左本		中飛	4	1	2	2	0	1	0	0	0	1
▼④藤野	一ゴ			中安	右飛		左安		二ゴ	5	0	2	0	0	0	0	0	0	3
⑦碇	二ゴ			死球		四球	右安		三振	3	0	1	0	1	2	0	0	0	3
▼⑤篠崎		三振		三邪		捕邪				3	0	0	0	1	0	0	0	0	0
H水口							死球			0	0	0	0	0	1	0	0	0	0
▼R5添田										0	0	0	0	0	0	0	0	0	1
▼②鮎ケ瀬		投ゴ		三振		四球	三振			3	0	0	0	2	1	0	0	0	1
①今井		二邪			三ゴ	三振		三振		4	0	0	0	2	0	0	0	0	0
計										36	3	9	3	8	6	0	1	0	12

【尽誠】	1	2	3	4	5	6	7	8	9	打	得	安	点	振	球	犠	盗	失	残
▼⑨弦本	右飛		三振		三振			三振		4	0	0	0	3	0	0	0	0	0
▼⑥土井	遊ゴ		四球		三飛			左飛		3	0	0	0	0	1	0	0	0	1
▼③山地	遊ゴ		三振			二ゴ				3	0	0	0	1	0	0	0	0	0
▼H青山								三振		1	0	0	0	1	0	0	0	0	0
3高原										0	0	0	0	0	0	0	0	0	0
▼⑤松井		左安		一ゴ		中飛			中飛	4	0	1	0	0	0	0	0	0	1
▼④中原		投犠		右安		四球			投安	2	0	2	0	0	1	1	1	0	3
⑦宮川		中安		三振		三振			中飛	4	0	1	0	2	0	0	0	0	1
▼①渡辺		三振		遊ゴ			遊ゴ		三振	4	0	0	0	2	0	0	0	0	0
②松原		三振			三振		三振			3	0	0	0	3	0	0	0	0	0
▼⑧井上			三振		中2		投ゴ			3	0	1	0	1	0	0	0	0	1
計										31	0	5	0	13	2	1	1	0	7

▼は左

投手	回数	打者	被安	奪三	与球	失点	自責	球数
今井	9	34	5	13	2	0	0	131
渡辺	9	42	9	8	6	3	3	153

▽暴投　作1（今井）
▽試合時間　1時間53分▽審判　（球）小林（塁）田口、吉岡、元雄

投打かみ合い　盤石発進

7回表作新2死、入江が左越えに本塁打を放つ

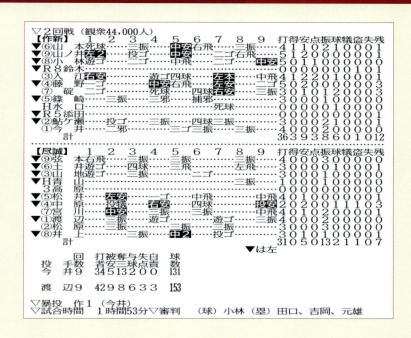

作新学院　V選手

3　入江　大生　一塁手
3年　今市中(県央宇都宮ボーイズ)

2　鮎ケ瀬　一也　捕手
3年　真岡中(真岡ボーイズ)

1　今井　達也　投手
3年　鹿沼西中(鹿沼ポニー)

6　山本　拳輝　遊撃手
3年　群馬・荒砥中(前橋リトルシニア)

5　篠崎　高志　三塁手
3年　雀宮中

4　藤野　佑介　二塁手
3年　泉が丘中(栃木下野リトルシニア)

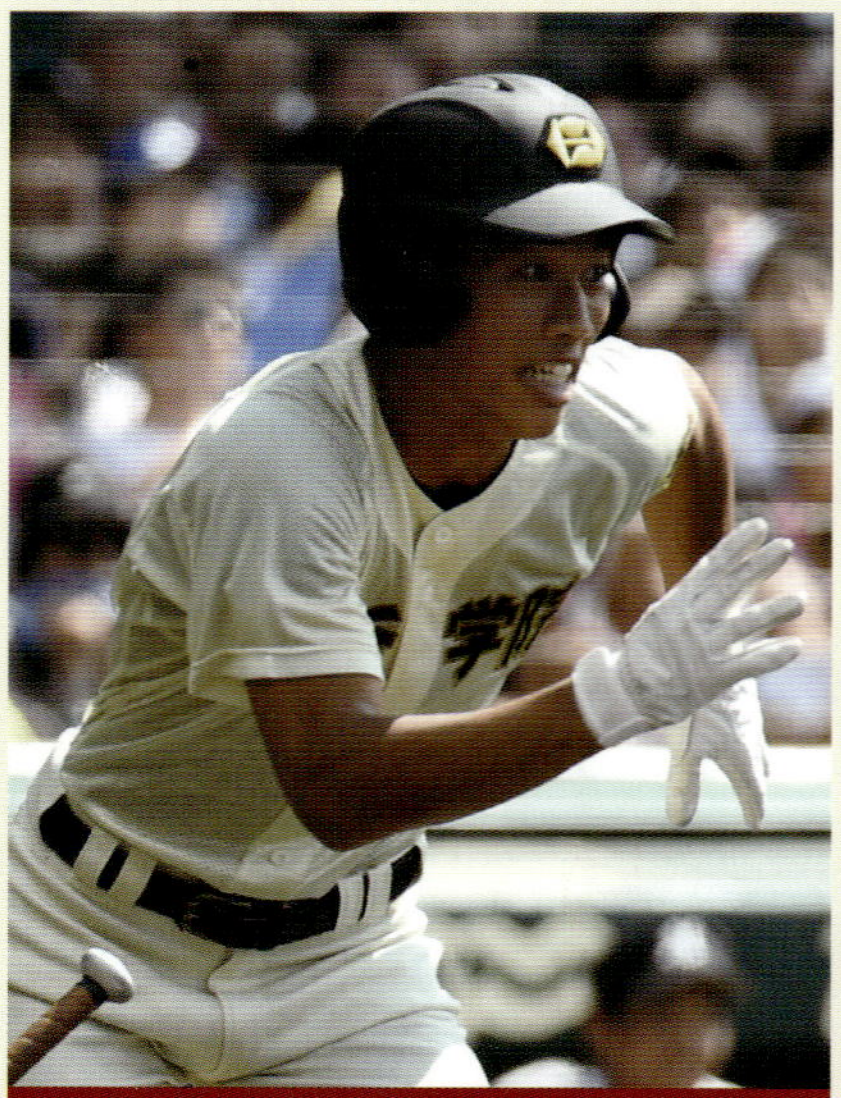

9　山ノ井　隆雅　右翼手
3年　宮の原中

8　小林　虎太郎　中堅手
3年　陽北中(宇都宮リトルシニア)

7　碇　大誠　左翼手
3年　大沢中(県央宇都宮ボーイズ)

12 仲尾　有矢　捕手
3年　芳賀中

11 藤沼　竜矢　内野手
3年　南河内中（栃木下野リトルシニア）

10 宇賀神　陸玖　投手
3年　古里中

15 添田　真聖　内野手
2年　今市中（栃木下野リトルシニア）

14 水口　皇紀　内野手
3年　雀宮中

13 守谷　拓海　内野手
3年　陽西中（鹿沼ボーイズ）

18 田代　敬祐　外野手
3年　北押原中

17 栗原　涼吾　外野手
3年　陽南中（栃木下野リトルシニア）

16 鈴木　萌斗　外野手
2年　旭中（宇都宮リトルシニア）

DIAMOND
ELITE

「作新PRIDE」
母校を全国優勝に導いた 小針崇宏 監督 インタビュー

半世紀の時を超えて、深紅の大優勝旗を母校に持ち帰った作新学院高校硬式野球部の若き名将・小針崇宏監督。監督に就任して10度目という節目の夏に全国の頂点に上り詰めた。夏が終われば、秋はすぐそこまで来ている。新チームづくりの多忙な最中、甲子園での熱闘を振り返ってもらうとともに積極果敢に勝利を目指す「攻撃野球」、さらには野球選手である前に、「人間としての土台、一人の高校生としての有り様」に厳しい目を持つ「人間力野球」などについて話を聞いた。

（インタビュー 2016年8月24日午後）

優勝旗を宇都宮に持って帰りたい。そして多くのOBに見せてあげたい

54年ぶりの優勝

■選手権優勝おめでとうございます。あらためて優勝した感慨をお聞かせください。

しばらくの間、優勝した実感が湧きませんでした。優勝した翌日、JR宇都宮駅に戻ってきて、多くの県民の皆さんに出迎えていただき、お祝いのメッセージを頂きました。中には握手を交わしながら泣いて喜んでくれたOBや、知人もいました。そうしているうちに、選手らの甲子園でのプレーが「これほど地元の方々を沸かし、喜んでもらえていたのだな」といううれしさがこみ上げてきました。後日、県庁や宇都宮市役所などにご報告させていただく中で、ようやく「ああ優勝したんだなぁ」という実感が湧いてきました。

■優勝監督インタビューで、「『優勝旗を宇都宮に持って帰りたい。多くのOBに見せてあげたい』という思いで決勝戦に臨みました」と話していました。やはり「深紅の大旗」に対する思いは強かったのでしょうか。

春夏連覇から半世紀がたち、その間、江川卓さんをはじめ、多くの作新OBが偉業を成し遂げてきました。そのおかげで、今日も選手たちは堂々と胸を張ってプレーできるわけです。私自身も高校現役時代から、山本理先生のおっしゃっていた「作新のプライド」を胸に戦ってきました。そして今なお、作新のグラウンドに立つ者は、その伝統の重みを理解し、継承していかなければならないという思いを、みな等しく抱いています。だからこそ今回の甲子園でも、持てる力を存分に発揮できたと思っています。これまでもOBの方々に感謝しながら頑張ってきましたが、さらにその思いを強く抱き、戦わせていただきました。主将の山本（拳輝）も言っていたように、ようやく「野球で恩返し」することができました。また最後の最後まで頑張れたのも、多くの県民の皆さまに背中を押していただけたからです。県民の皆さま、日本一の応援、本当にありがとうございました。

甲子園の決勝戦は『不思議な空間・夢の中』だった

—さかのぼればVナインは、昨秋の県大会がベスト4、春はベスト8と、県内ライバルに苦杯をなめてきた。しかしそこから、監督の熱血指導の下、急成長。甲子園という大舞台でも最後の最後まで自らの可能性に挑戦し続けた。

2016夏の熱闘

■どの段階で優勝を意識し始めましたか。

決勝戦の九回からですね。野球は最後まで何が起こるか分からないですから。

■特に印象に残っている試合は。

みな等しく印象に残っています。決勝の舞台には、2011年の準決勝で敗退してから、「必ず立ってみせる」と思い続けてきました。しかし正直、決勝戦は「不思議な空間・夢の中」で試合をしているような感覚でした。その他の4試合も、名門、古豪、強豪との対戦続きで、1戦1戦が決勝戦のようなものでした。

■それぞれの試合を振り返っていかがですか。

初戦の尽誠学園（香川）戦は、やはり初回の攻撃が大きかったですね。山ノ井（隆雅）のレフト前二塁打、入江（大生）のライトタイムリーで2点を先取。甲子園初イニングで点を取れたということは、この試合の流れをつかんだだけでなく、勝ち上がっていく上でも大きな自信につながりました。3回戦の花咲徳栄（埼玉）戦は、エース高橋君が登板する前に5点を挙げたわけですが、この試合でも山ノ井のセンター前が効いています。2死、二、三塁、2―2からの変化球をセンター前にはじき返したのは見事でした。そして入江の2ランにつながりました。やはり、あの1本がなければ1―0でその回は終わっていたわけです。「一人がつなげば、次の一人も」という、つなぐチームバッティングができました。

木更津総合（千葉）戦は、そんなに多くの点は取れないだろうと思っていました。それが初回2死からの入江と山ノ井のホームラン攻勢で、木更津のエース早川君に今大会初失点を与えました。守備では、今井（達也）の二塁けん制アウトや、鈴木（萌斗）、山本の中継プレーで本塁を刺した守備も評価に値します。明徳義塾（高知）戦もやはり初回の2死、二、三塁から藤野（佑介）のライト線を破る二塁打で好投手を攻略できました。今大会は2死からのチャンスを確実に得点につなげられたのが大きかったです。最後の北海（南北海道）戦は、先制されたものの篠崎（高志）のファーストゴロで同点。その後、鮎ケ瀬（一也）、今井、山本の連打とつながり勝利を導きました。

■いずれの試合においても「1にこだわる野球」を徹底できたということですね。

そうです。1回、1巡目、1打席目、もちろん1球1球も大事です。そういう基本を普段から厳しいまでにやってきたからこそ、それが試合でしっかりと出せたわけです。このチームの長所は、「次もいいゲームをやろう、勝とう」という、これで満足しないという強い心があった点です。向上心がある限り、最後の1アウトまで成長していける。「もうこの辺でいいや」という妥協はありませんでした。それが優勝につながったと思います。現地入りしてからも、1日わずか2時間の練習でしたが、そこでも練習の質にこだわりました。調整というよりも「勝負していくための練習」を重ねました。たいへんメリハリのついた練習となり、技術面もさることながら、メンタルな面、その後の戦い方、試合の臨み方にプラスになったと思います。練習の時こそ、試合以上のプレーを目指していくという緊張感を持って臨む姿勢が大事です。気の抜けたような、余裕のある練習では本当の力は付きません。

甲子園は本物しか通用しない。本気で練習しなければ、本物に近づくことはできない

—今大会最速の152キロをマークしたエース今井、3試合連続本塁打という大会記録に並んだ主砲・入江、自らの好守でナインを鼓舞しリードし続けたキャプテンの山本と、チームの主軸が、持てる力を存分に発揮し投攻守ががっちりかみ合っていた。OBや作新ファンからも「強かった。安心して見ていられた」という声が多く聞かれた。

優勝ナイン

■今大会は「ビッグ3」（花咲徳栄：高橋、横浜：藤平、履正社：寺島）がクローズアップされるばかりで、今井投手への注目度も低かったですが、どのような気持ちで乗り込んだのですか。チーム内では、ある程度の手応えは感じていたのでしょうか。

周りは全く意識せず、自分たちの精一杯のプレーを心掛け、とにかく一戦一戦勝負できるように準備して臨んだだけです。栃木大会も含め11試合の中で、どんなに苦しい展開の試合よりも、選手たちにとっては日々の練習の方が苦しかったはずです。厳しい練習を重ね、選手たちの中には「負けるわけがない」という自信も芽生えていました。やはり、自信がないと力を発揮できませんし、やってきた事実、証しがないと勝てません。いつも私は「甲子園は本物しか通用しない」と言っています。練習の段階から、本気の練習をしないと本物には近づけないのです。

■今井投手の甲子園の投球数は616。今大会最速の152キロという球速ばかりがクローズアップされました。その一方で変化球も素晴らしかったですね。

切れが良かったです。コントロールも良く、見事にコースに投げ分けていました。配球に関しては、ほとんど鮎ヶ瀬とのバッテリーの自発性に任せていました。また幾度かのピンチにおいても、野手が今井を救ってくれました。エースとしての成長を、甲子園でも見せてくれたことで、今井に対する野手の信頼も厚くなりました。特に初戦で完封勝ちしたことが大きかった。結局、最後まで守備にほころびが出ませんでしたから。打撃でも、主軸の入江がしっかりやってくれましたし、エースと主軸という攻守が、しっかりかみ合った大会でした。

■今井投手は昨夏、甲子園目前でベンチから外れました。外した監督自身も辛かったと思います。この1年で「よくぞここまで伸びてくれた」という思いがあると思いますが、いかがですか。

2年生のころの今井は、3イニングぐらいの投手でしたが、いまは9回投げられる投手です。単純に3倍に成長したわけです。今井の成長には、細かいことを言えばいろいろあるのですが、やはり人間的な成長が大きいですね。コメントや話し振り、マウンドの立ち姿、表情にも成長の跡が窺えました。私の中で

こばり・たかひろ　筑波大学卒業後、２００６年に作新学院高校の保健体育科教諭になる。同校硬式野球部コーチをへて、同年９月に監督就任。高校時代は二塁手として活躍、２年の春（２０００年）の選抜大会に出場し甲子園８強進出に貢献、３年で主将を務める。大学では１年からレギュラー入りし、４年で主将。母校・作新の監督就任３年で３１年ぶりの夏の甲子園出場を決め、今夏、栃木大会６連覇を達成し、春夏通算で８回の甲子園出場。そして作新学院を全国３８７４校の頂点に導いた。宇都宮市在住、３３歳。

は、栃木大会の今井の投球は、「まだまだ本当の力ではない」と感じていました。誰が見ても「作新のエース。ナイスピッチング」という試合はなかったです。現地入りして1週間ぐらい練習できたので、その間、今井には「作新のエースとして、どんな投球をすべきか考えて練習しなければ駄目だ。十分な力を発揮できないのが甲子園というもの。もう一度、上を目指せるように心づくりをしなさい」と言いました。今井自身も「まだまだ甲子園では通用しない」という意識は持っていたようですが、私も敢えて「エースとして」という言葉を多く発し、今井を鼓舞できたならという思いでいました。その言葉をしっかり感じ取ってくれたからこそ、今回の甲子園のピッチングにつながったのだと思います。これからも今井には、さらに上を目指してもらいたいと思います。

■明徳義塾戦では、今大会で唯一継投策をとりましたが、ある程度点差が開いたので休ませたわけですか。

結果的にはそうなりましたが、あの試合は、最初から3人（今井、宇賀神陸玖、入江）でいこうと決めていました。今井の立ち上がりのコンディションも決して良くなかったというのもありましたので、継投を考えていました。

■好守備で名実ともにチームをリードした山本キャプテンの活躍も目を引きました。

山本は私がキャプテンに指名しました。明るさと厳しさを兼ね備えており普段から気持ちの強さ、野球に取り組む姿勢を表に出せる選手です。同級生にも厳しく対処できるし、言葉もしっかりしている。何よりも自分から率先して練習に励む選手です。彼は群馬出身ですが、「どうしても作新でやりたい」と言って入ってきました。合宿所に3年いましたし、もう栃木県出身と考えてもらっていいと思いますよ。そういう強い思いを持った選手は、やはりグラウンドでも強いです。頑張れるし、踏ん張れる。ですから山本が優勝旗を持った瞬間は感動しましたね。

■今年のチームから新しく始めたことはありましたか。

毎年何らかの変化をプラスしていこうということで、昨年11月からは身体づくりのため、練習の前と後に食事を取るようにしています。これは身体づくりだけでなく、意識にも変化が表れました。決してものすごい量を食べているわけではありません。しかし「食べさせられている」という意識のあるままでは「実にならない」と言ってきました。やはり何事にも、気持ちが入らなければ駄目だということです。

■優勝したメンバーの入部当時の印象はどうでしたか。

それほど強い印象はなかったです。ただ「一人一人持っているものはある。決して能力は低くない」という感じはありました。1年生大会では文星芸大附に負けていましたが、「そこそこやれる。磨けば光る原石。3年になったら楽しみだ」と思っていました。2年生で2軍戦を行った時も、コーチから「けっこうバッティングがいい」と聞いていました。あとは「守備と走塁」、それに厳しさを付け加え指導してきました。

野球の大好きな選手。作新でやりたいという本気の目をした選手を求む

―わずか10年の間に、甲子園の土を夏7回、春1回踏んだ「小針・作新」。2度目の甲子園へのプレッシャー、連続出場を遂げながらも2011年の4強越えという高い壁に苦悩した時期もあった。

小針作新の10年

■2009年、作新が31年ぶりに夏の甲子園に出場した時、監督にとっても初めての夏でした。しかし長野日大（長野）に乱打戦の末、跳ね返されたわけですが、そこでどのような教訓を得ましたか。

長野日大の名将・中原（英孝）監督（2014年退任）のベンチにいる姿、監督としての役割というのでしょうか、さい配、作戦の妙、それに応える選手たちの姿を見て「しっかり指導されているし、練習を積んでいるのだろうな」と思いました。試合の流れをしっかり読んで、次に打つ手も明確で刺激を受けました。この年の作新も「そこそこやれる」という手応えはあったんですが、やはり「甲子園で1勝することは難しい」と思いました。その後、私にとって「2度目の甲子園」というのが本当に大きなプレッシャーとなりました。結果、翌年は栃木大会決勝で佐野日大に敗れまして、そこから「負けないチーム」を目指そうと、再スタートを切ったのを覚えています。

■2度目の夏の甲子園（2011年）は、2年生エース大谷投手を擁し、ベスト4まで上り詰めました。このチームも今年のチーム同様、急成長という部分では類似していると思われますが、どうですか。

そうですね。秋の大会も、春の大会も振るわず、そこから夏にかけて急成長したチームでした。「失う物は何もない」ということで、本当に攻撃的なチームでした。その後、甲子園でベスト8（12年）、3回戦敗退（13年）、2回戦敗退（14年）と甲子園には出られるものの、年々結果が落ちてきて苦しんだ時期もありました。そして去年の1勝で、再び復調の兆しが見えて、そして今年は、終わってみれば文字通りの「V字回復」ということで、本当に良かったです。

■小針・作新は、どういった選手を求めていますか。

まず野球が大好きな選手ですね。あとは、作新でやりたいという気持ちを前面に打ち出してくる、そういう顔をしている選手です。投球がいいとか、打撃がいいとか、足が速いとか、そうした目立つ特性を優先することはないです。本気の目をしている選手を私なりに見ています。

■理想とするチームは、どのようなチームですか。

全員で野球をする、戦うというのが理想ですし、ハートで勝負していくような、チーム全体でそうした雰囲気がつくれるようなチームです。勝っていくことで緩んでいくのでなく、勝っても次に向かって、引き締まっていくことが大事です。その点、このチームはチームスポーツにとって大事なものを持っていたのかなと思います。今回の優勝で理想のチームづくりに近づけたとは思いますが、これにおごることなく、もう一回基本を見つめ直すことが大事です。周囲でサポートしてくれる方や、試合に出られないメンバーもいるわけです。そうした点にも目を向けながらチーム全体の動きに対応していける選手でなければいけないなと思います。優勝はしたものの、野球的にはまだまだ。決して実力だけでの優勝ではないと思っています。真に勝ち続けることのできるチームには至っていません。野球がうまい下手よりも、その取り組み方や、作新で野球をやるということをどれぐらい真剣に、受け止めているか。その度合いが一番必要だと思います。それはこの10年間、毎年のチームに言い続けてきました。

私が成長しない限りは、チームの成長もない

―「宝木ファイターズ」時代から、地元の野球関係者から注目を浴びていた存在だった。同世代からは「彼についていけば甲子園も夢じゃない」とまで言われた」（作新OB）ほどだったそうだ。その後、母校・作新から筑波大に進み、小針監督は大学1年春からレギュラー入りし、後に主将も務めた。

監督／小針崇宏

■小針監督が母校の野球部監督になると決意したのはいつごろですか。

大学卒業後、コーチに就き、その年の9月に監督の話を頂きました。私が希望したわけでもなく当時のチームの状況を受けて就任しました。もちろんそれまで監督の経験はなかったので、不安もありましたが、多くのOBはじめ、岩嶋敬一部長にも助けられて、ここまで来られました。また野球人として、今の私があるのは、小学校の時の監督はじめ、中学、高校、大学と、それぞれタイプの異なる監督の下で指導を受け、学んだ結果だと思います。

■23歳の秋から監督に就任し、10度目の夏に偉業を達成しました。監督としても自らの成長を感じた部分もあるのではないですか。

そうですね。私自身も、さまざまな経験をさせてもらってきました。私が成長しない限りは、チームの成長もないと感じています。これまで、さまざまな選手と接する中で、指導者としての技量も少しずつ積み重なってきたのだと思います。選手のタイプは実にさまざまですが、それをパターン化するのでなく、一人一人の長所を伸ばしつつ、チームを最優先に考えられる選手を大事にしてきました。監督の役目には、さまざまありますが、試合に限らず日ごろの練習の中でも、監督と選手という関係の中で、一生忘れられないような出来事が生まれます。今年のチームにもありました。県外遠征の練習試合で、不甲斐ない負け方をした時、「その負けを負けのままで終わらせてはいけない」と、気持ちを入れ直させた日など数えきれません。そうした目に見えない絆のようなものをつくるのも監督の役目だと思っています。

■監督としての大きな転機はありましたか。

やはり2009年の時の戦いが思い起こされます。監督として初めて県大会に優勝したのが、この春の県大会でした。それまで、「（監督としての）優勝とはどんなものだろう」という思いがあったので、うれしかったです。そこで監督としての手応えをつかめたと思います。その年は、夏も優勝し、31年ぶりの甲子園切符を手にしました。「攻撃野球」という現在の作新のスタイルも、この頃から本格的に打ち出していけるようになったと思います。それを貫いてきた結果が、今回の優勝につながりました。

■一方、教育者・小針崇宏としての教育論・指導論といったものはありますか。

高校生ですから、まだまだ成長不足、未熟な部分があります。だから学校に来ているわけです。そこで教師として何かを伝えるわけですが、私は「人間力野球」を通して伝えたいと思っています。監督就任当初もそれまでの作新硬式野球部には希薄だったもの、野球に取り組む姿勢を植え付けたいという思いがありました。筑波大野球部でも、そうした選手の自発性・自主性というところを学び実践してきました。野球のうまい下手でなく、野球をやる上での人間としての土台がなければ上達しませんよ。だから「作新硬式野球部員としての自覚ある行動」に関しては、ずいぶんうるさく言い続けてきました。

■小針監督にとっての甲子園、高校野球とは何ですか。

毎年そこに立つ度に、心が洗われるというか、すがすがしくなれる場が甲子園だと思います。また高校野球は、生きていく中

で選手だけでなく自分自身にも大事なことを教えてくれるものです。私の年で言うのはまだ早いとは思いますが、「人生」だと思います。一生涯を懸けて取り組むに値するフィールドです。これからも甲子園で積極的に勝ちに行きたいと思っています。

いつまでも挑戦者

―夏を終えれば、全国のどのチームにおいても新たなチーム作りが始まる。この100年、連綿と続けられてきた高校野球の歴史だ。それは、夏に頂点を極めたチームにとっても等しく新たな秋が来る。選手権終了後のわずか3日後、「新たな挑戦者たち」のシーズンがスタートを切った。

新たな出発

■小針監督は栃木県の選手を受け入れ、育てて行くということを理想としていますが。

やはり栃木県代表として、全国大会に出るわけですから、今年のチームも小学生の野球に始まり、地元栃木の皆さんにお世話になり成長した選手たちです。そうした彼らが全国大会に出て活躍するということは、何よりも地元の人々にとっての喜びだと思うのです。そんな思いを持って、少しでも栃木の元気につなげられればという思いがあります。国内でも「野球留学」などの課題はありますが、まあ、それは各学校の状況、チームの状況によるところですので、それをとやかく言うつもりはありません。

■再び、新たなチームづくりがスタートしました。頂点を極めた今後は、追われる存在となるわけですが。

追われる立場とは思っていません。これまでも作新は「挑戦者」ということをテーマに、チームづくりを続けてきましたから。次のチームも「敵は己にあり」という思いで挑戦し続けるだけです。

■これから野球を目指す子どもたちに一言。

野球は素晴らしいスポーツです。自分を伸ばしてくれるし、人間としても成長のできるスポーツです。また多くの人との出会いを与えてくれるのも野球です。ぜひ、頑張って野球を続けて、成長し大きくなってください。作新のグラウンドで待っています。

小針・作新 甲子園の戦歴

■選手権
◇２００９（平成２１）年（第９１回）
▽１回戦８－１０長野日大（長野）
◇２０１１（平成２３）年（第９３回）
▽１回戦１１－１福井商業（福井）
▽２回戦３－２唐津商業（佐賀）
▽３回戦６－３八幡商業（滋賀）
▽準々決勝７－６智弁学園（奈良）
▽準決勝０－５光星学院（青森）
◇２０１２（平成２４）年（第９４回）
▽１回戦９－５佐久長聖（長野）
▽２回戦１９－３立正大淞南（島根）
▽３回戦３－２仙台育英（宮城）
▽準々決勝４－８東海大甲府（山梨）
◇２０１３（平成２５）年（第９５回）
▽１回戦１７－５桜井（奈良）
▽２回戦４－０熊本工業（熊本）
▽３回戦２－５日大山形（山形）
◇２０１４（平成２６）年（第９６回）
▽２回戦１－３沖縄尚学（沖縄）
◇２０１５（平成２７）年（第９７回）
▽２回戦１０－６上田西（長野）
▽３回戦０－２九州国際大付（福岡）
■センバツ
◇２０１２（平成２４）年（第８４回）
▽１回戦７―３倉敷商業（岡山）
▽２回戦５―４鳴門（徳島）

余　録

■監督の高校時代の１年後輩で、千葉ロッテの岡田幸文選手が、作新の試合を見て高く評価していましたが。：彼からはお祝いの電話を頂きました。「刺激を受けました。負けないように頑張ります」と言ってくれました。**■リオデジャネイロ五輪・金メダリストの萩野公介選手からも甲子園入りする前「ともに『作新の風』を吹かせましょう」というメッセージが届きましたが、ナインの反響はいかがでしたか。：**もちろん気持ち的にプラスになりました。作新の先輩が、日本勢一番目の金メダルを獲得し話題にもなりましたし「俺達も金だ」という気持ちにはなったのではないでしょうか。**■今回の優勝で「名将」の仲間入りですね。：**いやぁ、まだまだ、指導力不足です。**■体育教師としての小針先生は、どんな先生ですか。：**普段と変わらないです。**■ではやはり厳しい先生ですか。：**いいえ。いたって優しい教師ですよ。**■長渕剛さんのファンだそうで、移動バスの中でも、ナインに聞かせることもあるそうですね。：**はい。いろんな曲をかけます。選手たちのモチベーションアップにもつなげようと思って聞かせています。

秋、春、夏の県大会の記録

成長の軌跡

夏の甲子園で54年ぶりの優勝を飾った作新学院だが、栄冠に至る道のりは決して平たんではなかった。新チームになって初めて迎えた秋季県大会は準決勝で、春季県大会も準々決勝で敗退。選手権栃木大会も絶対の優勝候補ではなかった。しかし、そんな選手たちが栃木大会、甲子園での一戦、一戦を通して大きく成長を遂げ、そして遂に全国の頂点に立った。甲子園出場に至る作新学院ナインの成長の軌跡を県大会の記録と写真で振り返る。

結実の夏

2016 Summer

結実の夏

2016 Summer

選手権栃木大会で史上最多6連覇
夏の県大会36連勝、15度目優勝も最多

第98回全国高校野球選手権栃木大会は7月24日、宇都宮市の清原球場で決勝を行い、作新学院が15―6で国学栃木を破り、連続優勝回数を更新する史上最多の6連覇を果たした。夏の県大会の36連勝、15度目の優勝も過去最多。優勝した作新学院は6年連続12度目となる甲子園大会出場を決めた。

戦評 昨年と同一カードの決勝は両チーム合わせて29安打、長打8本が飛び交う乱打戦。19安打と爆発した作新が、10安打を放った国学栃木に大勝した。

打ち合いは打ち合いでも力の差は圧倒的だった。作新は2点を追う初回、1番・山本からの4連打など打者一巡の猛攻で一挙7点を奪取。二回は主砲・入江の2点本塁打、三回は3番・小林の右中間を破る2点適時三塁打で追加点を挙げた。

6点に点差が詰まった七回には2死満塁から下位の碇、鮎ケ瀬が連続で適時打を放ち、試合を決定付けた。大一番で先発を任された背番号10の宇賀神は大量リードに守られながら七回途中まで粘り強く投げ、終盤は主戦・今井が締めくくった。

国学栃木は初回に大橋の左越え適時三塁打と相手の中継ミスに乗じて幸先良く2点を先制したが、頼みの投手陣が作新打線にのみ込まれた。

10点差をつけられた七回には代打・亀山の二塁打から打者9人の猛攻で4点を返す粘りを見せたが反撃もそこまで。昨年の雪辱を期したナインは全力プレーを貫いたが、序盤の大量失点が最後まで重くのしかかった。

▽決勝

国学栃木	200	000	400	6
作新学院	722	001	30×	15

決勝・国学栃木戦　1回無死一、三塁、入江の中前適時二塁打で一走・小林が逆転のホームイン

準々決勝・文星付戦　７回表１死満塁、入江が右中間に２点適時二塁打を放つ

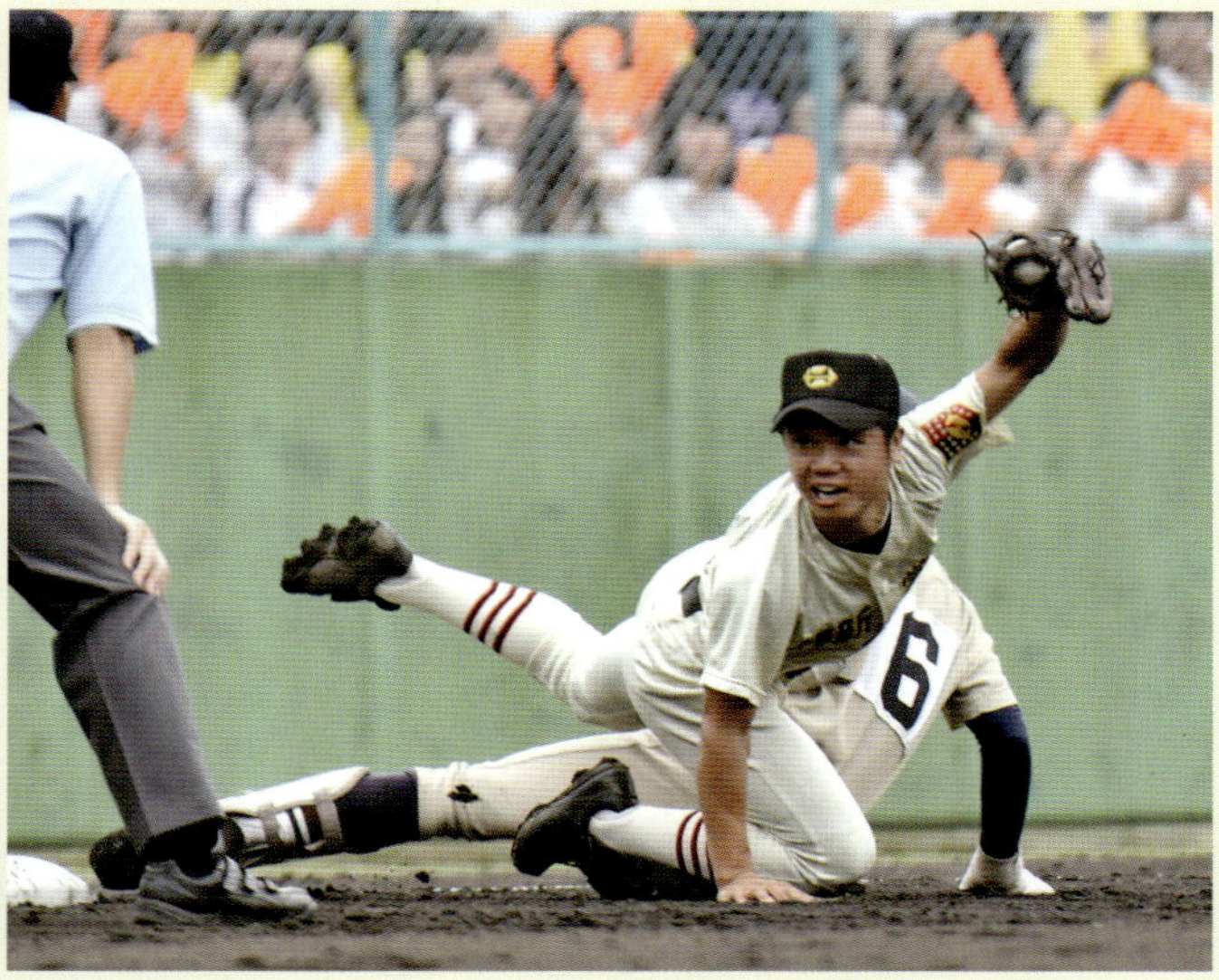

準々決勝・文星付戦　３回裏１死二塁、先制の適時二塁打を放ち、なおも三塁を狙う走者を作新の三塁手・篠崎がタッチアウト

準々決勝・文星付戦　７回表無死一、二塁、碇の中前適時打で二走・今井が同点のホームを踏み、雄たけびを上げる

▽準決勝

矢板中央	200	001	0	3
作新学院	021	150	1×	10

（七回コールド）

▽準々決勝

作新学院	000	000	420	6
文星付	001	000	300	4

▽１回戦

作新	110	316	12
宇都宮	000	000	0

（六回コールド）

▽２回戦

大田原	000	00	0
作新学院	604	5×	15

（五回コールド）

▽３回戦

清陵	100	010	0	2
作新学院	250	120	×	10

（七回コールド）

準決勝敗退　センバツの可能性消える
挑戦者として出直し誓う

第68回秋季県高校野球大会兼関東地区高校野球大会県予選（2015年9－10月）に臨んだ作新学院は、持ち前の猛打が爆発し、2回戦の小山西に7－0、3回戦の大田原に10－1、準々決勝の栃木翔南に14－3といずれもコールド勝ち。しかし、準決勝の文星付戦は投手戦の末に1－2で敗れ、翌春のセンバツ甲子園につながる関東大会出場を果たせなかった。

焦点　春季大会からの県大会連勝記録は14でストップ。作新は今年初めて県内で土を付けられた。九回に最後の打者が内野ゴロで打ち取られると、山本拳輝主将は「これで終わってしまったんだ」と、敗北を受け止めきれない表情を浮かべた。

順調な勝ち上がりが、かえって新チームの勝負強さを欠く一因となった。初回は1死満塁、二回は2死三塁の好機を生かせず、打線は単発、〝点〟となった。三回は2死一、二塁の場面で、山本が三盗を失敗。小さなミスが重なり、先制点が遠かった。

3年連続で夏の甲子園を経験するなどした主力のほとんどが引退。山本は「打撃力が落ちるのは分かっていた」と話す。それを補うために「守備と走塁」をテーマとしたが、「主将としてけん引できず、テーマとした走塁でミスをした」と悔いた。

打率7割をたたき出し、この試合で初めての4番を獲得した小林虎太郎は「これまでは先輩の後に続くことが多かった。今はゼロから積み上げている」と明かし、「自分が引っ張っていかねばならないが…」と硬い表情をのぞかせた。

今大会初登板の今井達也は「自分で打ち取ろうと力んだ。後ろには、しっかり守る野手がいたのに」と悔やむ。そんなナインたちを、小針崇宏監督は「準々決勝までの成績ほど、チームは本物でない」と手厳しく評価する。苦渋の敗戦から出直す作新。この日、挑戦者としての歩みが始まった。

▽準決勝

作新学院	000	000	010	1
文星付	001	001	00×	2

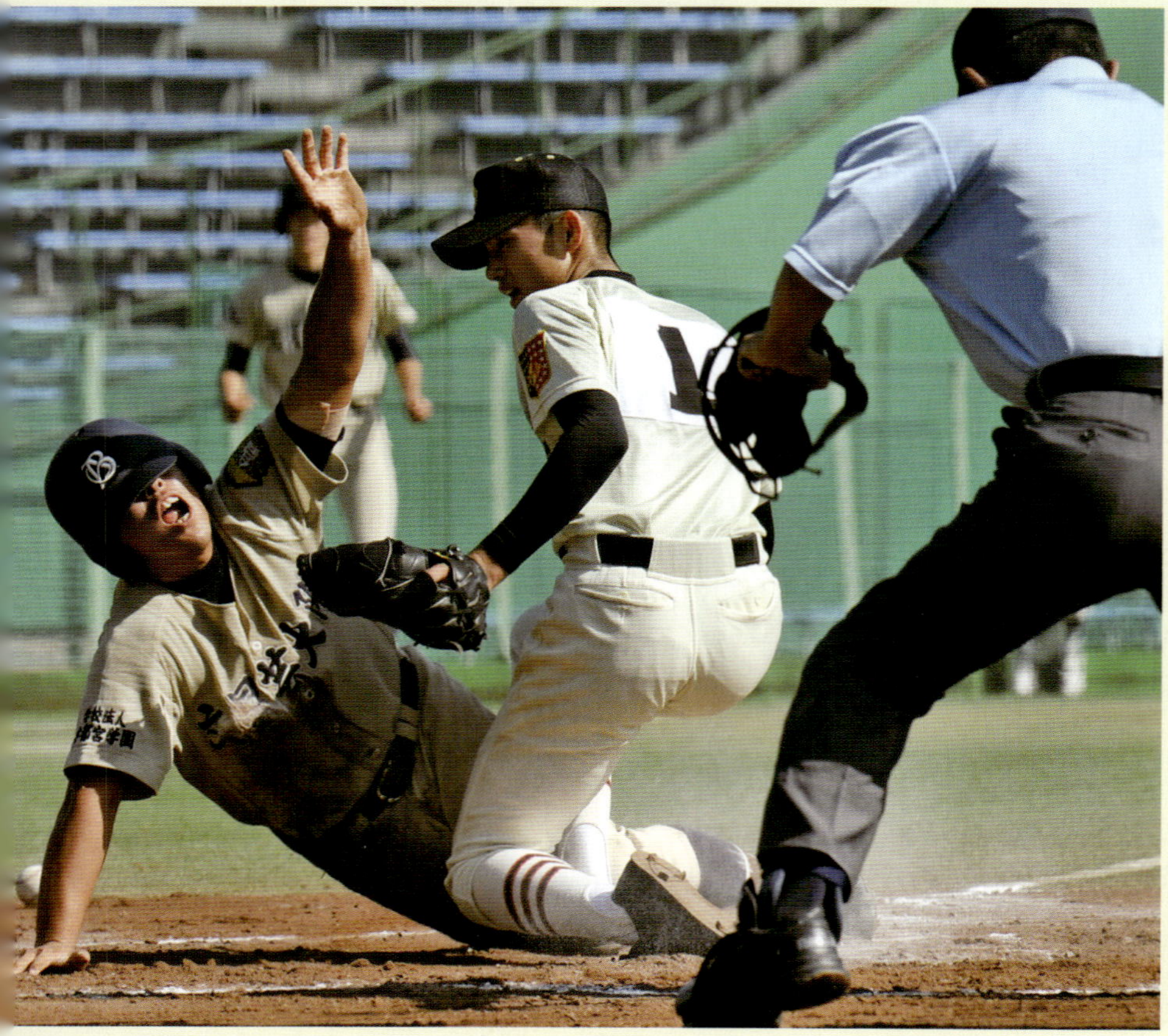

準決勝・文星付戦　6回裏2死三塁、今井（中央）のワイルドピッチで文星付の三走がホームイン

準々決勝・栃木翔南戦　４回表２死満塁、藤野が走者一掃の適時三塁打を放つ

▽準々決勝

作新学院	027	50	14
栃木翔南	003	00	3

（五回コールド）

▽３回戦

大田原	100	000	0	1
作新学院	113	203	×	10

（七回コールド）

▽２回戦

小山西	000	000	0	0
作新学院	241	000	×	7

（七回コールド）

兆しの春

2016 Spring

準々決勝敗退も見えた課題
走塁、小技鍛える好機と捉える

第69回春季県高校野球大会兼第68回関東地区大会県予選（2016年4―5月）に、作新学院はシードとして出場。1回戦の宇都宮北に6―2と快勝、2回戦の佐野日大には12―2の五回コールド勝ちと順調にコマを進めたものの、続く準々決勝の栃木工業戦では当時の主戦・入江が打ちこまれ、5―8と敗戦。この大会3連覇を果たせなかった。

焦点

スコアボードに「6」の数字がともる。八回裏。栃工の粘りに、作新が崩れ落ちた。

先発の主戦・入江大生が踏ん張れなかった。八回は、先頭の福士智計に0ボール2ストライクから四球。ファウルで食い下がられ、10球目となった低めの変化球を見極められた。

1死満塁からは、それまで効果的だった140キロ前後の速球を捉えられて5連打。小針崇宏監督が最後までマウンドを託した、背番号1は「こういう回があるようでは、いい投手ではない」とうなだれた。

ただ、試合後、指揮官が敗因に挙げたのは「流れをつかみきれない打撃」だった。一時逆転した六回にしても、2点リードした後の無死満塁からは三者凡退。八回、大量6点を奪った栃工とは対照的だった。

相手の気勢をそぐような集中打が、夏の県大会を5連覇した「小針作新」の象徴だった。この日は12安打を放った一方、要所では「力が入ってしまった」（山本拳輝主将）。変化球を打ちあぐね、終盤までもつれたことで勝負の落とし穴にはまった。

夏に向け、現在地は明確になった。山本は「走塁や小技も含めて、どう点を取るかに集中して練習する」。伝統の継承者となるための時間は、まだある。

▽準々決勝

作新学院	000	013	001	5
栃木工業	000	020	06×	8

準々決勝・栃工戦
8回裏、栃工の集中打で6点を失う。捕手・鮎ケ瀬

1回戦・宇北戦　1回裏2死三塁、小島が一、二塁間を破る先制適時打を放つ

▽2回戦

佐野日大	110	00		2
作新学院	401	25×		12

▽1回戦

宇都宮北	001	001	000	2
作新学院	100	210	02×	6

2回戦・佐野日大戦　3回裏2死二塁、鮎ケ瀬が中前適時打を放つ

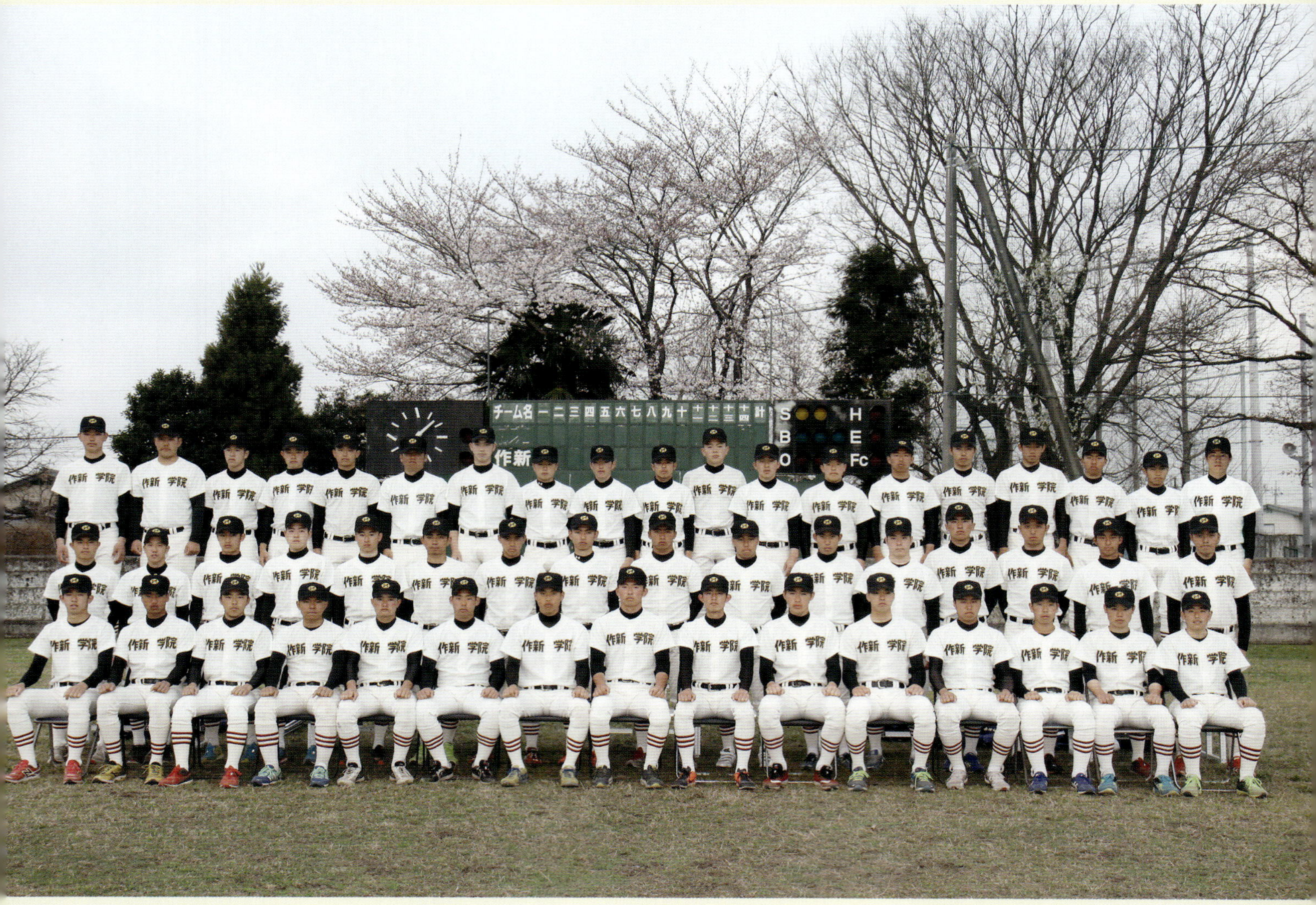
チーム名
作新
作新 学院

過去5年間の夏の甲子園の記録

激戦譜

2011－2015年

今大会で夏の甲子園連続出場の本県記録を「６」に伸ばした作新学院。過去５年間の先輩たちの激戦を下野新聞の電子号外紙面で紹介する。

作新が初戦突破

初戦に快勝し、笑顔でアルプススタンドにあいさつに向かう作新ナイン

全国高校野球　福井商に11―1

	1	2	3	4	5	6	7	8	9	計
作新	6	1	0	0	3	0	0	1	0	11
福井商	0	0	1	0	0	0	0	0	0	1

県勢4年ぶり夏の1勝

第93回全国高校野球選手権大会第3日は8日、阪神甲子園球場で行われ、本県代表の作新（2年ぶり7度目）は第1試合で福井商（2年連続21度目）と対戦、11―1で快勝し、県勢として4年ぶり、同校としては38年ぶりの夏の甲子園1勝を飾った。

作新が強烈な先制パンチを浴びせた。初回、板崎直人が中前打で出塁すると、3番の佐藤竜一郎が右翼席に2点本塁打をたたき込み先制。内藤諒太の左中間二塁打で3点目を挙げた。さらに満塁とし、大谷樹弘が中犠飛、高嶋翔馬が左前適時打を放ち、打者10人の猛攻で6点を奪った。

二回には板崎、飯野徹也の二塁打で7点目。その裏の守りでは二塁手の板崎、遊撃手の佐藤の好守で試合の流れを完全につかんだ。五回には、2死から高嶋、石井一成の連続二塁打で3点を追加。八回に佐藤の中前適時打でダメを押した。

先発の大谷は立ち上がりはストライクとボールがはっきりしていたが、尻上がりに復調。威力のあるストレートにスライダーを効果的に織り交ぜ、福井商打線を抑えた。守備陣も無失策で盛り立てた。

作新は13日の第3試合（午後1時開始予定）の2回戦で、古川工（宮城、初出場）―唐津商（佐賀、27年ぶり4度目）の勝者と対戦する。

次戦も挑戦者

作新・小針崇宏監督　初回から狙い球を絞って迷いなく振ってくれた。バッテリー中心にノーミスで守れたこともよかった。次もチャレンジャーとして積極的に戦う。

福井商・米丸友樹監督　山本（文矢）の立ち上がりが心配だったが甘い球を打たれた。1点ずつ返そうと話したが、大谷（樹弘）君に思うように打たせてもらえなかった。

下野新聞
しもつけ
発行所　宇都宮市昭和1丁目8番11号
〒320－8686
下野新聞社
電話 028－625－1111
郵便振替口座00350－0－407

読者室　028－625－1179
（受付・午前10時－午後6時）
編集局　028－625－1121
販売局　028－625－1120
広告局　028－625－1133
事業局　028－625－1134

下野新聞社ホームページ
http://www.shimotsuke.co.jp/

電子号外

下野新聞　2011年（平成23年）8月13日（土曜日）

下野新聞
しもつけ
発行所　宇都宮市昭和1丁目8番11号
〒320−8686
下野新聞社
電話 028−625−1111
郵便振替口座00350−0−407

読者室　028−625−1179
（受付・午前10時−午後6時）
編集局　028−625−1121
販売局　028−625−1120
広告局　028−625−1133
事業局　028−625−1134
下野新聞社ホームページ
http://www.shimotsuke.co.jp/

電子号外

作新競り勝つ

全国高校野球

唐津商に3−2

5回表作新1死一塁、石井が左越えに同点二塁打を放つ＝甲子園

第93回全国高校野球選手権大会第8日は13日、阪神甲子園球場で2回戦4試合を行い、本県代表の作新（2年ぶり7度目）は唐津商（佐賀、27年ぶり4度目）に3−2で逆転勝ちした。作新が2回戦を突破したのは、史上初の春夏連覇を成し遂げた1962年以来49年ぶり3度目。県勢としては2007年の文星付以来4年ぶり。

初回、作新は四球と3番・佐藤竜一郎の左前打で1死一、三塁の先制のチャンスをつくったが、後続が倒れた。その裏に併殺がとれずに残した走者を置いて長打を浴び、先制を許し、三回にも1点を追加された。

2点を追う四回、作新は1死から左翼線二塁打で出塁した飯野徹也が、三進した後に相手バッテリーの隙をつく好走塁で1点を返した。五回には1死一塁から石井一成の左越え二塁打で同点。続く板崎直人の遊内野安打で逆転に成功した。

先発・大谷樹弘は一、三回に失点したが、直球に変化球を織り交ぜ、辛抱強く投げた。七回には連打、八回には安打に失策が絡んでピンチを迎えたが、後続を打ち取り無失点。大谷は8回3分の1を投げ7三振、被安打7、2失点。最後は飯野が締めた。

作新の次戦は大会第11日（16日）の第2試合（午前10時半開始予定）の3回戦で八幡商（滋賀、5年ぶり7度目）とベスト8入りを懸けて激突する。

	1	2	3	4	5	6	7	8	9	計
作新	0	0	0	1	2	0	0	0	0	3
唐津商	1	0	1	0	0	0	0	0	0	2

好走塁で勝機つかむ

積極野球できた

作新・小針崇宏監督　苦しかったがチームとしてまとまって戦えた。緊張せずに積極的な野球ができている。最後は（走者が）二塁にいったら（投手を）飯野（徹也）に代えると決めていた。

下野新聞
しもつけ
発行所　宇都宮市昭和1丁目8番11号
〒320−8686
下野新聞社
電話 028−625−1111
郵便振替口座00350−0−407
©下野新聞社
下野新聞社ホームページ
http://www.shimotsuke.co.jp/
電子号外

作新 49年ぶり 8強

全国高校野球

八幡商振り切る

3回表作新2死二塁、飯野が左前に先制打を放つ＝16日、甲子園球場

▽3回戦（甲子園球場）

	1	2	3	4	5	6	7	8	9	計
作新	0	0	1	0	0	1	2	1	1	6
八幡商	0	0	0	1	0	0	1	0	1	3

第93回全国高校野球選手権大会第11日は16日、3回戦を行い、本県代表の作新（2年ぶり7度目）は第2試合で八幡商（滋賀、5年ぶり7度目）と対戦、6－3で競り勝ち、史上初の春夏連覇を成し遂げた1962年以来、49年ぶりにベスト8に進出した。県勢としては97年の佐野日大以来、14年ぶり。

作新は三回、先頭の石井一成が一塁線を破る二塁打。2死後、4番・飯野徹也が三遊間を破る適時打を放ち先制した。

四回、変則回転の打球が不運な安打になり同点に追いつかれたが六回、作新が執念で追加点をもぎ取った。1死から飯野が左前打で出塁すると、続く内藤諒太の中前打で三塁へ。三塁手と激突しながら三塁を陥れ、鶴田剛也の右前打で勝ち越した。

七回には1死満塁から佐藤竜一郎が一、二塁間を鋭く破り2点。1点を返された八回には大谷樹弘が一塁前にスクイズを決め、再び3点差とし、九回にも飯野の中前適時打で加点した。

大谷完投、積極打撃光る

先発・大谷は1、2回戦から一転して順調な立ち上がり。二回は先頭打者に安打を許したが併殺で切り抜けた。3点リードの七回には四球後に長打で、九回には本塁打を浴び失点。しかしそれ以外は球威のあるストレートと鋭い変化球をコーナーに投げ分けて抑え、バックも好守でもりたてた。

作新は18日の第1試合で智弁学園（奈良）と準決勝進出を懸けて対戦する。

下野新聞　2011年（平成23年）8月18日（木曜日）

作新4強

全国高校野球

強攻、九回再逆転

接戦で準決勝進出を決め、山下（左）とタッチを交わす作新・飯野＝甲子園

▽準々決勝（甲子園）

	1	2	3	4	5	6	7	8	9	計
作新	0	2	3	0	0	0	0	0	2	7
智弁	3	0	1	0	1	1	0	0	0	6

全国高校野球選手権大会第13日は18日、阪神甲子園球場で準々決勝の残り2試合を行い、本県代表の作新（2年ぶり7度目）は第1試合で智弁学園（奈良、3年ぶり16度目）と対戦、7―6で接戦を制し、史上初の春夏連覇を飾った1962年以来、49年ぶりに準決勝に進出した。

手に汗握るシーソーゲームを作新が制した。初回、智弁がいきなり3点を先制。しかし、作新もすぐさま取り返す。二回無死二、三塁から山下勇斗が中前にはじき返して1点を返すと、1死に大谷樹弘の中犠飛で1点差とした。三回、1死二、三塁で再び山下が二遊間を破り逆転。続く高嶋翔馬の中前打でさらに加点した。

智弁は三回に無安打で1点を返すと四回からはエース青山大紀が登板。五回に1点を返し追いついた。作新は六回から2番手の大垣憂斗が登板。1死三塁からは飯野徹也がマウンドに上がったが、暴投で逆転を許した。

しかし、1点を追う九回にドラマが待っていた。先頭の石井一成、板崎、佐藤竜一郎の3連打で同点。1死二、三塁から内藤の右犠飛で三走・板崎が生還し、再逆転に成功した。八回から再び登板した飯野がその裏の智弁の攻撃を3人で抑え逃げ切った。

作新は19日の準決勝第1試合で光星学院（青森、8年ぶり5度目）と決勝進出を懸けて対戦する。

次も欲出さず集中

作新・小針崇宏監督　九回は「流れがきている」と強気に攻めた。最後まで戦う姿勢が浸透している。次も欲を出さず一球一球集中して戦う。

「相手が上だった」

智弁学園・小坂将商監督　作新の打線はすばらしかった。振り負けないようにしたが、相手が上だった。

下野新聞

しもつけ

発行所　宇都宮市昭和1丁目8番11号
〒320－8686
下野新聞社
電話 028－625－1111
郵便振替口座00350－0－407

読者室　028－625－1179
（受付・午前10時－午後6時）
編集局　028－625－1121
販売局　028－625－1120
広告局　028－625－1133
事業局　028－625－1134

電子号外

熱風残し 作新散る

高校野球 準決勝

光星学院に0－5

作新－光星学院準決勝　9回表作新2死一、二塁、鶴田の右前打で二走・飯野が本塁を狙うもタッチアウトとなりゲームセット。捕手・松本＝甲子園球場、大平正典撮影

	1	2	3	4	5	6	7	8	9	計
作　新	0	0	0	0	0	0	0	0	0	0
光星学院	2	0	0	0	0	2	0	1	X	5

第93回全国高校野球選手権大会第14日は19日、阪神甲子園球場で準決勝を行い、本県代表の作新（2年ぶり7度目）は第1試合で光星学院（青森、8年ぶり5度目）と対戦、0―5で敗れ、史上初の春夏連覇を成し遂げた1962年以来、49年ぶりの決勝進出はならなかった。

◇　　◇

作新は、相手エースの落ちるカーブと外角のスライダーを攻略できなかった。大谷樹弘の不安定な立ち上がりを突かれ初回に2点を先制されて迎えた二回、四球で出塁したが併殺。三回は先頭の鶴田剛也が右前打から好走塁で二塁を陥れたが、1死後に雨で1時間32分間中断し再開した後、後続が倒れた。

六回、追加点を与えたくない作新は1死二塁で飯野徹也をマウンドへ。しかし、バッテリーミスや内野ゴロで2点を追加された。七回には鶴田が左前打で出塁したが不運なライナーで併殺。八回には本塁打を浴びリードを5点差に広げられた。

堂々4強、見せた奮闘

九回、一矢を報いたい作新は1死後に飯野が右前打で出塁すると、敵失で一、二塁に。2死から鶴田がこの試合自身4本目の安打を右前に放ち、二走・飯野が本塁に突入した。しかし右翼手から捕手へダイレクトで返球されタッチアウト。最後まで本塁が遠かった。

粘りたかった

作新・小針崇宏監督　自分のスイングができなかった。中断でリセットし気持ちを持ち直した。粘りたかったが、それをさせてくれない相手の強さを感じた。

光星学院・仲井宗基監督　初回に点が取れて思い描いた展開になった。秋田(投手）は丁寧に低めに投げた。ここまできたら優勝したい。

下野新聞
しもつけ
発行所　宇都宮市昭和1丁目8番11号
〒320－8686
下野新聞社
電話 028－625－1111
郵便振替口座00350－0－407

読者室　028－625－1179
（受付・午前10時－午後6時）
編集局　028－625－1121
販売局　028－625－1120
広告局　028－625－1133
事業局　028－625－1134
下野新聞社ホームページ
http://www.shimotsuke.co.jp/

電子号外

下　野　新　聞　2012年（平成24年）8月9日（木曜日）

下野新聞

しもつけ

発行所　宇都宮市昭和1丁目8番11号
〒320－8686
下野新聞社
電話 028－625－1111
郵便振替口座 00180-1-623433

読者室 028-625-1179
（受付　月～金・午前10時～午後6時）
編集局 028-625-1121
販　売 028-625-1120（販売）
事業局 028-625-1134（事業・教育）
営業局 028-625-1133（広告）

電子号外

作新猛打で逆転

全国高校野球 1回戦を突破

吉田、篠原が殊勲弾

逆転で初戦を突破し、スタンドに走り出す作新ナイン＝甲子園球場

	1	2	3	4	5	6	7	8	9	計
作　新	0	0	0	3	0	2	4	0	0	9
佐久長聖	3	0	1	0	0	0	1	0	0	5

第94回全国高校野球選手権大会第2日は9日、甲子園球場で1回戦を行い、本県代表の作新は長野県代表の佐久長聖と対戦。中盤以降に強力打線が爆発して9－5と逆転勝ちし、2回戦進出を果たした。

1点ビハインドで迎えた六回、作新は代打策がピタリとはまった。1死一塁で代打の吉田紘大が高めの球を強振すると、打球は右翼席に吸い込まれる2点本塁打に。それまでの嫌な流れを一気に吹き飛ばす一撃で逆転に成功した。続く七回には無死一、二塁から篠原優太にも右越え3点本塁打が飛び出し、完全にゲームの主導権を奪い返した。

序盤に4点を失って劣勢に立たされた作新だったが、四回に高山良介の右翼線二塁打を足掛かりに相手の失策も絡めて無死満塁と攻め立て、高嶋翔馬の二ゴロの間に1点。さらに山梨浩太が前進守備の右中間を抜く2点三塁打を放ち、1点差に迫っていた。

先発の筒井茂は立ち上がりに3連打などで3失点、三回にも守備の乱れで1点を許した。しかし二番手で登板した水沼和希が、相手の打ち気をそらす巧みな投球で6イニングを1点に抑え、流れを呼び込んだ。

作新は4失策、捕逸1と次戦に向けて修正すべき課題も残った。

作新の次戦は大会第8日の15日、第1試合（午前8時予定）で盛岡大付（岩手）－立正大淞南（島根）の勝者と2回戦で対戦する。

まだ成長できる

作新・小針崇宏監督の話

序盤の失点を全員でつないで返していこうと話したが、後半よく実行してくれた。ベンチだけでなく、応援してくれる他のメンバーの分も頑張ってくれた。うちはまだ成長できるチーム。3年生のさらなる成長に期待したい。

下　野　新　聞　2012年（平成24年）8月16日（木曜日）

作新、打線爆発

全国高校野球

19安打で19得点

4回表、先制の左中間本塁打を放った作新・篠原。この日6打点の活躍＝甲子園球場

	1	2	3	4	5	6	7	8	9	計
作　新	0	0	0	2	0	2	7	4	4	19
立正大淞南	0	0	0	0	0	0	1	0	2	3

2年連続3回戦進出

　第94回全国高校野球選手権大会第8日は16日、甲子園球場で2回戦を行った。本県代表の作新は、中軸の3選手が本塁打を放つなど打線が爆発。19安打で19—3と島根県代表の立正大淞南を一蹴し、ベスト16進出を決めた。

　静かな立ち上がりだった試合が動いたのは四回。作新は1死後、まず3番の篠原優太が左中間スタンドに放り込むと、4番の高山良介も左翼席へ本塁打を放ち、2点を先制した。

　この2発で点火した打線は、その後も次々に得点を重ねた。六回に2点を奪うと、圧巻は七回。右前適時打の石井一成から左越え3点本塁打の山下勇斗まで、5連打で大量7点を挙げ、完全に相手の戦意を喪失させた。八回には石井の中越え2点適時二塁打、九回には篠原の右越え2点適時二塁打などでそれぞれ4得点。怒とうの攻めで、相手が繰り出す3投手を粉砕した。

　この大量リードに守られて、先発した筒井茂は七回を1失点と安定したピッチングを披露、面白いように内野ゴロの山を築いた。初戦で4失策と乱れた守備も無失策で投手陣を盛り立てた。

　作新の次戦は大会第11日、19日の第1試合（午前8時開始予定）で、宮城県代表の仙台育英と3回戦で対戦する。

次もうちらしく

　作新・小針崇宏監督の話　先制点が欲しかったので3、4番の本塁打は大きかった。目立った選手がいない分、チーム全員での野球を徹底しており、きょうは3年生がよくやってくれた。精神的な部分で自分たちらしくできているので、次もうちらしくプレーしたい。

下野新聞
しもつけ
発行所　宇都宮市昭和1丁目8番11号
〒320－8686
下野新聞社
電話 028－625－1111
郵便振替口座 00180-1-623433

読者室 028–625–1179
（受付　月～金・午前10時～午後6時）
編集局 028–625–1121
販　売 028–625–1120（販売）
事業局 028–625–1134（事業・教育）
営業局 028–625–1133（広告）

電子号外

下野新聞　2012年（平成24年）8月19日（日曜日）

作新 2年連続 8強

全国高校野球

仙台育英に競り勝つ

最後の打者を打ち取り笑顔を見せる水沼（左）、高山の作新バッテリー＝甲子園

	1	2	3	4	5	6	7	8	9	計
仙台育英	1	1	0	0	0	0	0	0	0	2
作新	2	0	0	0	0	0	1	0	×	3

好機逃さず 継投ピタリ

第94回全国高校野球選手権大会第11日は19日、甲子園球場で3回戦を行い、本県の作新は仙台育英（宮城）に3―2と競り勝ち、4強入りした昨年に続くベスト8進出を果たした。

作新は、2―2で迎えた七回裏に勝負を決めた。1死後、中前打の石井一成が失策で二塁に進むと、続く2番の鶴田剛也が一、二塁間を破る適時打を放ち、勝ち越しに成功した。

1点を先制された1回裏には、2死一、三塁から山下勇斗の左中間二塁打で石井、高山良介を迎え入れた。

先発の筒井茂が一、二回に1点ずつを失った後、五回途中まで粘りの投球をみせた。継投した水沼和希は抜群の制球力で打者の打ち気を巧みにコントロール。凡打の山を築く会心のピッチングで、5イニングをわずか2安打に抑え込んだ。

大会期間中に不祥事で現役部員が逮捕されるという激震の中での一戦。作新ナインは目前の相手に集中し、強敵を打ち破った。

作新の次戦は大会第13日の21日、準々決勝第1試合（午前9時開始予定）で東海大甲府（山梨）―宇部鴻城（山口）の勝者と対戦する。

前を向いて試合

作新・小針崇宏監督の話　1点の大切さを感じられるいいゲームができた。自分たちにできるのは、前を向いて試合をすることだけ。いつも通り、チーム全員の気持ちが一つになった野球をしてくれた。

下野新聞
しもつけ
発行所　宇都宮市昭和1丁目8番11号
〒320－8686
下野新聞社
電話 028－625－1111
郵便振替口座 00180-1-623433

読者室 028–625–1179
（受付　月～金・午前10時～午後6時）
編集局 028–625–1121
販　売 028–625–1120（販売）
事業局 028–625–1134（事業・教育）
営業局 028–625–1133（広告）

電子号外

下　野　新　聞　2012年（平成24年）8月21日（火曜日）

一礼し甲子園を去る作新ナイン

下野新聞
しもつけ
発行所　宇都宮市昭和1丁目8番11号
〒320－8686
下野新聞社
電話 028－625－1111
郵便振替口座 00180-1-623433

読者室 028－625－1179
（受付　月～金・午前10時～午後6時）
編集局 028－625－1121
販　売 028－625－1120（販売）
事業局 028－625－1134（事業・教育）
営業局 028－625－1133（広告）

電子号外

作新の夏 終戦

強打響かず4強逃す

全国高校野球 準々決勝

	1	2	3	4	5	6	7	8	9	計
作　新	0	0	0	2	0	0	2	0	0	4
東海大甲府	1	1	0	0	2	1	1	2	×	8

第94回全国高校野球選手権大会第13日は21日、甲子園球場で準々決勝を行い、本県の作新は東海大甲府（山梨）と対戦。4―8で敗れ、昨年に続く4強入りを逃した。

終始東海大甲府に先手を取られる展開となったが、作新は相手の好投手・神原友に13安打を浴びせ、最後まで粘り強く戦った。

2点を追う四回表には篠原優太、高山良介の連続中前打と山下勇斗の犠打で1死二、三塁とし、吉田紘大が三塁線を痛烈に破る適時二塁打を放って一時は同点に追いついた。その後、2番手で登板した水沼和希が捕まり2―5と突き放されたが、七回表に篠原、高山が左前適時打を連ねて必死に食い下がった。

しかし、最後は今大会初登板となったエース大谷樹弘が相手打線の勢いを止めることができず、守備の乱れも重なって終盤に3失点を喫し力尽きた。

今大会の作新は、初戦から強打で勝ち上がり昨年に続く8強に進出。特に篠原、高山ら中軸の打棒が光った。しかし、大会期間中に登録メンバー外の2年生部員の不祥事が発生。その後の出場は認められたものの、十分に力を出し切れないまま甲子園を去ることになった。

守備のミス重く

作新・小針崇宏監督の話　守備のミスが大きかった。五回まで水沼はよく頑張ったが、併殺を取れなかった場面から打ち取った当たりが少しずつずれてヒットになった。その後も粘り強く戦ってくれたことはたたえたい。

下野新聞
しもつけ
発行所 宇都宮市昭和1丁目8番11号
〒320-8686
下野新聞社
電話 028-625-1111
郵便振替口座 00180-1-623433

読者室 028-625-1179
（受付　月～金・午前10時～午後6時）
編集局 028-625-1121
販　売 028-625-1120（販売）
事業局 028-625-1134（事業・営業）
営業局 028-625-1133（広告）

電子号外

作新　3年連続　初戦突破

甲子園　桜井下す

15安打17得点

作新－桜井（奈良）1回戦　1回表作新2死二塁、中村が先制の右越え適時二塁打を放つ。捕手・嶋田＝10日午前、阪神甲子園球場

第95回全国高校野球選手権記念大会第3日は10日、兵庫県西宮市の阪神甲子園球場で1回戦を行い、本県から史上初となる3年連続9度目の出場を果たした作新学院は、第2試合で初出場の桜井（奈良）と対戦し、17―5で圧勝、2回戦に駒を進めた。4強入りした一昨年、8強入りした昨年に続く3年連続の初戦突破となった。

作新は7盗塁と自慢の機動力も絡めて、相手のミスを着実に得点に結び付けるそつのなさが光った。15安打で17得点、コンパクトで鋭いスイングで野手の間を抜く、つなぎの打撃も見事だった。

初回、四球の小林勇介《こばやしゆうすけ》が捕逸で二進し、4番・中《なか》村幸一郎《むらこういちろう》の右越え適時二塁打で先制。さらに江俣悠亮《えまたゆうすけ》の内野ゴロが敵失を誘う間に、中村が本塁を陥れて1点を加えた。三回には小林の右越え三塁打を足掛かりに、相手投手のボークや川上《かわかみ》修吾《しょうご》の右前適時打で3点を追加、完全に試合の主導権を握った。

先発の渡辺雄麻《わたなべゆうま》が四回、相手5番に3点本塁打を浴びたが、打線はさらに勢いを増して援護した。六回には山下勇斗《やましたゆうと》、中村、代打・玉川諒《たまがわりょう》の3連続適時打で4点を追加。九回にも相手投手の制球難を突き、4安打で大量6点を奪った。

2番手の朝山広憲《あさやまひろかず》は六～八回を無失点。最終回に相手の反撃に遭い2点を許したが、最後は遊ゴロ併殺で切り抜けた。

作新の次戦は大会第8日の15日、午前10時半開始予定の第2試合で熊本工（熊本）と2回戦を行う。

作新・小針崇宏《こばりたかひろ》監督「初回2死から4番の中村（幸一郎）にタイムリーが出たことが大きかった。機動力も絡めて自分たちの戦い方ができた。四回に3点差に詰め寄られたが、引き締まった気持ちで後半に臨めた。つないでチャンスを広げる意識が15安打につながった」

▽1回戦

	1	2	3	4	5	6	7	8	9	
作新	2	0	3	1	0	4	1	0	6	17
桜井	0	0	0	3	0	0	0	0	2	5

（作）渡辺、朝山－山下（桜）竹野、加地－嶋田、植地▽本塁打　木下（桜）▽三塁打　小林、中村（作）▽二塁打　中村、小林2（作）

快勝で1回戦を突破し、笑顔で応援席に向けて駆け出す作新ナイン＝10日午後、阪神甲子園球場

作新 投打盤石

熊本工下し 甲子園16強

山下、初回に先制弾

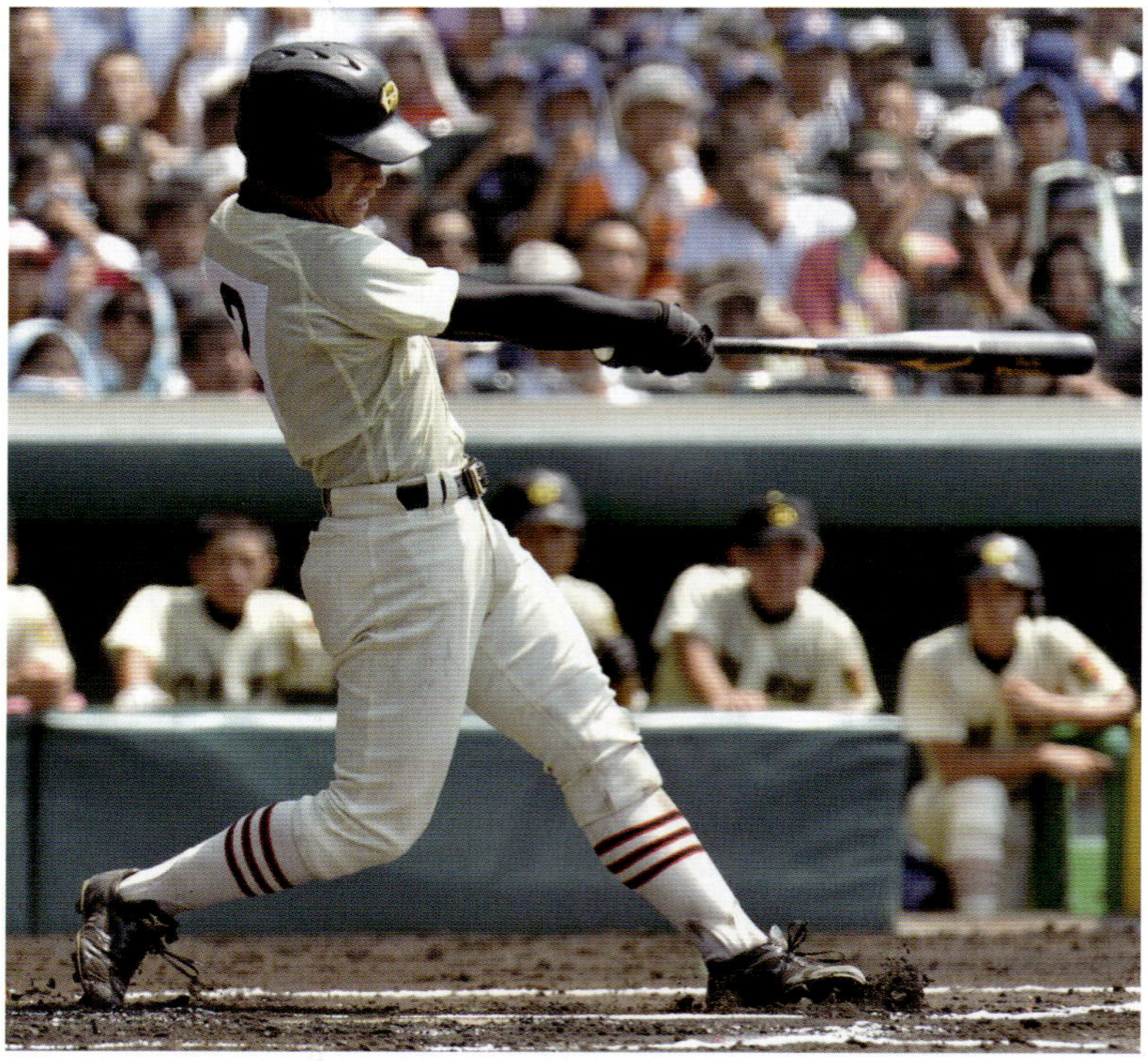

熊本工（熊本）—作新2回戦　1回表作新1死二塁、山下が左中間に先制の2点本塁打を放つ＝兵庫県西宮市の阪神甲子園球場、永嶌理絵撮影

	1	2	3	4	5	6	7	8	9	計
作　新	2	0	0	0	1	0	0	1	0	4
熊本工	0	0	0	0	0	0	0	0	0	0

（作）渡辺、朝山—山下（熊）山下—本田
▽本塁打　山下（作）▽三塁打　山梨（作）高木（熊）▽二塁打　小林2（作）

熊本工に快勝し、高らかに校歌を歌いあげてグラウンドにあいさつする作新ナイン

第95回全国高校野球選手権記念大会第8日は15日、兵庫県西宮市の阪神甲子園球場で2回戦を行い、3年連続9度目出場の作新学院は、第2試合で4年ぶり20度目出場の熊本工（熊本）と対戦、4—0と快勝した。4強入りした一昨年、8強入りした昨年に続き、ベスト16進出を決めた。

作新は攻守とも万全の試合運びだった。初回1死二塁から、3番・山下勇斗の左中間への2点本塁打で先制。五回には2死一、三塁から川上修吾の右前適時打で1点を追加した。八回には小林勇介の左越え適時二塁打でダメを押した。

先発の渡辺雄麻が丹念に低めを突く投球で中盤までをしのぐと、救援した1年生の朝山広憲も相手打線に付け入る隙を与えず、継投で完封。守っては四回、大飛球を中堅の鈴木将史が好捕するなど堅守でもり立てた。

作新の次戦は大会第10日の17日、第4試合（午後3時半開始予定）の3回戦で日大山形（山形）と8強入りを懸け対戦する。

作新・小針崇宏監督の話　先発の渡辺は、気持ちを込めた粘り強いピッチングをしてくれた。朝山もマウンドで自分の力を発揮しようと楽しみながら投げていた。ディフェンスからリズムをつくり攻撃に持っていく特徴が出せた。

作新・山下勇斗主将の話　投手が頑張ってくれた。特に1年生の朝山は頼もしかった。リード面では、とにかく相手打者のタイミングをずらすことだけ考えた。

下野新聞
しもつけ
発行所　宇都宮市昭和1丁目8番11号
〒320−8686
下野新聞社
電話 028−625−1111
郵便振替口座 00180-1-623433

読者室 028−625−1179
（受付　月～金・午前10時～午後6時）
編集局 028−625−1121
販　売 028−625−1120（販売）
事業局 028−625−1134（事業・教育）
営業局 028−625−1133（広告）

電子号外

下野新聞　2013年（平成25年）8月17日（土曜日）

作新8強届かず

全国高校野球

日大山形に2—5

作新—日大山形（山形）3回戦　6回表作新2死、小林が左越えに本塁打を放ち一塁を回る。後ろは盛り上がる作新ベンチ＝兵庫県西宮市の阪神甲子園球場

	1	2	3	4	5	6	7	8	9	計
作　新	1	0	0	0	0	1	0	0	0	2
日大山形	3	0	0	0	0	0	0	2	X	5

小林、一矢の本塁打

第95回全国高校野球選手権記念大会第10日は17日、兵庫県西宮市の阪神甲子園球場で3回戦を行い、本県から3年連続9度目の出場を果たした作新学院は、第4試合で6年ぶり16度目出場の日大山形（山形）と対戦し、2—5で敗れて3年連続の8強入りを惜しくも逃した。

作新は初回、右中間三塁打の添田真海を4番の山下勇斗の右中間適時二塁打でかえし、幸先良く1点を先制した。しかしその裏、先発の渡辺雄麻が日大山形打線に捕まり、5安打を浴びて3点を失い逆転された。

打線はその後、大会屈指の好投手である日大山形・庄司瑞の前に12三振と苦しんだ。二回から四回まで得点圏に走者を進めたものの、あと一本が出ず。ようやく六回、小林勇介が左翼席に大会第31号となる本塁打を放ち1点差に詰め寄った。

三回途中から登板した2番手の朝山広憲は、毎回のように得点圏に走者を背負いながら無失点でしのいできたが、八回に3長短打で2点を失い力尽きた。

作新・小針崇宏監督の話　勝たせてやれなかったことが悔しい。選手は最後まで粘ってくれた。相手に4点目を取られるか、こちらが2点目を取るかがポイントだと思っていた。相手打線のスイングは初回から鋭く、打撃の質が違っていた。

（作）渡辺、朝山、藤沼—山下（日）庄司—浅沼

▽本塁打　小林（作）▽三塁打　添田（作）▽二塁打　山下、鷹箸（作）板坂、庄司、青木（日）

下野新聞

しもつけ

発行所　宇都宮市昭和1丁目8番11号
〒320−8686
下野新聞社
電話 028−625−1111
郵便振替口座 00180-1-623433

読者室 028−625−1179
（受付　月〜金・午前10時〜午後6時）
編集局 028−625−1121
販　売 028−625−1120（販売）
事業局 028−625−1134（事業・教育）
営業局 028−625−1133（広告）

電子号外

下　野　新　聞　2014年（平成26年）8月17日（日曜日）

作新、初戦敗退

初戦で敗れ、球場に一礼する作新ナイン＝17日午前、兵庫県西宮市の阪神甲子園球場

	1	2	3	4	5	6	7	8	9	計
作新	1	0	0	0	0	0	0	0	0	1
沖縄尚学	1	0	0	1	0	1	0	0	×	3

打線沈滞、初回先制実らず

全国高校野球大会

第96回全国高校野球選手権大会第7日は17日、兵庫県西宮市の阪神甲子園球場で行われ、初戦の2回戦に臨んだ作新学院は1—3で沖縄尚学（沖縄）に惜敗した。県勢史上初となる4年連続10度目の出場で、4年続けての16強進出を果たすことはできなかった。

作新学院は一回表、3番・朝山広憲が内角低めの直球を捉えてソロ本塁打。幸先よく先制に成功したが、先発の左腕・藤沼卓巳がその裏にソロ本塁打を浴び、1死一、三塁のピンチを迎えた四回にも併殺崩れで勝ち越しの1点を奪われた。

藤沼は4回被安打2、2失点で降板。五回から2年生右腕の朝山に継投した。朝山は六回に内野ゴロの間に1点を失ったが、力強い直球を武器に4回被安打2、1失点に抑えて踏ん張り、打線の援護を待った。

だが、打線が沖縄尚学エース右腕・山城大智の最速143キロの直球と多彩な変化球に苦しみ、わずか3安打、14三振。初回の本塁打以降は、六回に中前打を放った1番・添田真海を内野ゴロで二塁に進めるのが精いっぱいだった。

相手投手、想像以上

作新学院・小針崇宏監督の話　打者には追い込まれる前に振っていこうと話していたが、山城（大智）君の直球の威力とスライダーの切れは想像以上だった。ただ、選手たちの振りはよかったし、投手陣もナイスピッチングだった。

下野新聞
しもつけ
発行所　宇都宮市昭和1丁目8番11号
〒320－8686
下野新聞社
電話 028－625－1111
郵便振替口座 00180-1-623433

読者室 028–625–1179
（受付　月～金・午前10時～午後6時）
編集局 028–625–1121
販　売 028–625–1120（販売）
事業局 028–625–1134（事業・教育）
営業局 028–625–1133（広告）

電子号外

下野新聞
しもつけ
発行所　宇都宮市昭和1丁目8番11号
〒320－8686
下野新聞社
電話 028－625－1111
郵便振替口座 00180-1-623433

読者室 028–625–1179
（受付　月～金・午前10時～午後6時）
編集局 028–625–1121
販　売 028–625–1120（販売）
事業局 028–625–1134（事業・教育）
営業局 028–625–1133（広告）

電子号外

作新 打線爆発

初戦を突破し、笑顔で応援席に駆け出す作新ナイン＝12日午後、兵庫県西宮市の阪神甲子園球場、小川貴広撮影

作新	0	1	1	0	2	0	5	0	1	10
上田西	0	0	0	2	0	0	0	2	2	6

17安打 2年ぶり 初戦突破

全国高校野球

第97回全国高校野球選手権大会は12日、阪神甲子園球場で2回戦を行い、5年連続11度目出場の作新は長野の上田西と対戦した。17安打10得点と打線が爆発した作新は10－6で打ち勝ち、2年ぶりに初戦を突破、3回戦進出を決めた。

出場49校のうち最後の登場となった作新は三回までに横尾宜甫（よこおのぶもと）の適時打などで2点をリード。同点に追いつかれた直後の五回は、添田真海（そえだまなみ）の2点適時打で突き放し、七回は赤木陸哉（あかきりくや）の三塁打など5安打を集め5点を追加した。

守っては先発の倉井勇輔（くらいゆうすけ）が6イニングを2失点。七回からリリーフした有田将大（ありたまさひろ）が4失点ながら大量得点にも守られ、最後を締めた。

この試合4安打4打点の活躍で勝ち越しのタイムリーヒットを放った添田は「自分にとっては3年連続の甲子園。1、2年のときは打てなかったので、3年生のことしはチームを引っ張るつもりで臨んだ。この1年で打撃を特に練習してきたのでみんな自信を持っている」と笑顔を見せた。

3回戦は大会第10日の15日、第4試合に決まった。2年ぶりの勝利に小針崇宏（こばりたかひろ）監督は「投打のバランスがいつもより良く、頼もしかった。次も強い気持ちで臨みたい」と話した。

下野新聞　2015年（平成27年）8月15日（土曜日）

作新8強逃す

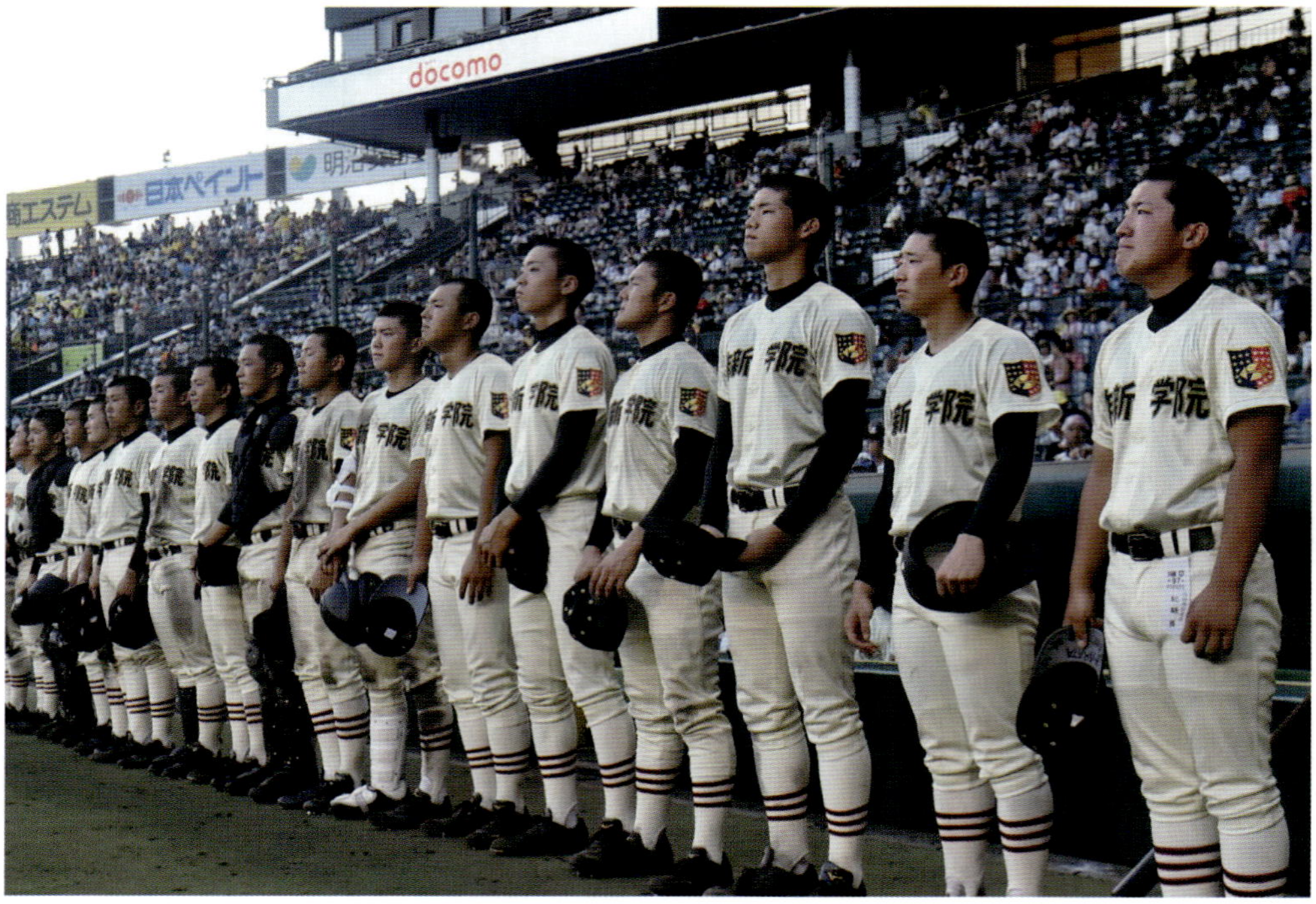

試合に敗れ、一塁側ベンチ前に整列し、九州国際大付の校歌を聞く作新ナイン＝15日午後、兵庫県西宮市の阪神甲子園球場、小川貴広撮影

作　新	0	0	0	0	0	0	0	0	0	0
九国大付	0	0	0	0	0	1	1	0	×	2

投手戦、好機に一打出ず

全国高校野球

第97回全国高校野球選手権大会は15日、甲子園球場で3回戦4試合を行い、5年連続11度目出場の作新は福岡代表の九州国際大付と対戦、0―2で敗れ、3年ぶりのベスト8入りを逃した。

打撃力が自慢の両チーム。だが、試合は戦前の予想を覆して投手戦となった。作新は先発の主戦・倉井勇輔（くらい・ゆうすけ）が力のある速球と落ちる変化球を巧みに使い、五回まで2安打無失点に抑える好投を見せた。

試合が動いたのは六回。倉井は2死から相手の主砲山本武白志（やまもと・むさし）に高めの直球を捉えられ、先制を許す本塁打を浴びた。

一方、打線は九州国際大付の左腕・富山凌雅（とみやま・りょうが）の伸びのある直球と切れのいい変化球に苦戦した。二、三回のチャンスはいずれも併殺。五、六回は無死から走者を出したが、ヒットエンドランが失敗に終わり、好機をつぶした。

打ってつなぐ作新のスタイルが出せなかったことについて小針崇宏（こばり・たかひろ）監督は「序盤に流れをつくれなかった。選手のバッティングを信じ、送らずに打って行くのが作新の持ち味だが、それ以上に相手投手が良かった」と話した。

下野新聞
しもつけ
発行所　宇都宮市昭和1丁目8番11号
〒320－8686
下野新聞社
電話 028－625－1111
郵便振替口座 00180-1-623433

読者室 028－625－1179
（受付　月～金・午前10時～午後6時）
編集局 028－625－1121
販　売 028－625－1120（販売）
事業局 028－625－1134（事業・教育）
営業局 028－625－1133（広告）

電子号外

作新学院
硬式野球部の歴史

名門の足跡

54年ぶりの甲子園優勝で名門復活を高らかに告げた作新学院。54年前に全国で初めて成し遂げた「春夏連覇」や、甲子園を沸かせた「怪物」江川卓投手の快投など、名門の輝かしい歴史のページをひもとく。

◆作新学院高校の過去の甲子園成績

【1958(昭和33)年】
・選手権大会
2回戦　○作新学院３－２大分上野丘(大分)
3回戦　○作新学院２－１済々黌(熊本)
準々決勝　○作新学院２－１高松商(香川)(延長11回)
準決勝　●作新学院１－４徳島商(徳島)

【1961(昭和36)年】
・選抜大会
1回戦　○作新学院２－０柏原(兵庫)
2回戦　●作新学院０－２高松商(香川)

【1962(昭和37)年】
・選抜大会
2回戦　○作新学院５－２久賀(山口)
準々決勝　△作新学院０－０八幡商(滋賀)(延長18回再試合)
○作新学院２－０八幡商
準決勝　○作新学院３－２松山商(愛媛)(延長16回)
決勝　○作新学院１－０日大三(東京)
・選手権大会
1回戦　○作新学院２－１気仙沼(宮城)(延長11回)
2回戦　○作新学院７－０慶応(神奈川)
準々決勝　○作新学院９－２岐阜商(岐阜)
準決勝　○作新学院２－０中京商(愛知)
決勝　○作新学院１－０久留米商(福岡)

【1964(昭和39)年】
・選手権大会
1回戦　○作新学院８－３小松商(石川)
2回戦　●作新学院２－３早鞆(山口)

【1971(昭和46)年】
・選抜大会
2回戦　●作新学院０－１大鉄(大阪)

【1973(昭和48)年】
・選抜大会
1回戦　○作新学院２－０北陽(大阪)
2回戦　○作新学院８－０小倉南(福岡)
準々決勝　○作新学院３－０今治西(愛媛)
準決勝　●作新学院１－２広島商(広島)
・選手権大会
1回戦　○作新学院２－１柳川商(福岡)(延長15回)
2回戦　●作新学院０－１銚子商(千葉)(延長12回)

【1977(昭和52)年】
・選抜大会
1回戦　●作新学院６－８天理(奈良)(延長10回)

【1978(昭和53)年】
・選手権大会
1回戦　●作新学院１－５福井商(福井)

【1979(昭和54)年】
・選抜大会
1回戦　●作新学院１－５大分商(大分)

【2000(平成12)年】
・選抜大会
1回戦　○作新学院５－３愛産大三河(愛知)
2回戦　○作新学院８－１佐賀商(佐賀)
準々決勝　●作新学院３－９東海大相模(神奈川)

【2009(平成21)年】
・選手権大会
1回戦　●作新学院８－10長野日大(長野)

【2011(平成23)年】
・選手権大会
1回戦○作新学院11－１福井商(福井)
2回戦○作新学院３－２唐津商(佐賀)
3回戦○作新学院６－３八幡商(滋賀)
準々決勝○作新学院７－６智弁学園(奈良)
準決勝●作新学院０－５光星学院(青森)

【2012(平成24)年】
・選抜大会
1回戦○作新学院７－３倉敷商(岡山)
2回戦●作新学院４－５鳴門(徳島)(延長10回)
・選手権大会
1回戦○作新学院９－５佐久長聖(長野)
2回戦○作新学院19－３立正大淞南(島根)
3回戦○作新学院３－２仙台育英(宮城)
準々決勝●作新学院４－８東海大甲府(山梨)

【2013(平成25)年】
・選手権大会
1回戦○作新学院17－５桜井(奈良)
2回戦○作新学院４－０熊本工(熊本)
3回戦●作新学院２－５日大山形(山形)

【2014(平成26)年】
・選手権大会
2回戦●作新学院１－３沖縄尚学(沖縄)

【2015(平成27)年】
・選手権大会
2回戦○作新学院10－６上田西(長野)
3回戦●作新学院０－２九州国際大付(福岡)

史上初「春夏連覇」の金字塔打ち立てる

1962(昭和37)年８月20日の下野新聞1面にはこんな大見出しが躍った。

「作新、遂にジンクスを破る」「史上初の春夏優勝」「深紅旗　初めて“大利根”渡る」

そして、記事のリードは歴史的快挙をこう伝えている。

深紅の大優勝旗はしっかと作新学院中野主将の胸に―。第四十四回全国高校野球選手権大会最終日の十九日は午後一時、五万余の大観衆がかたずをのむ甲子園球場で郷土の作新学院と福岡代表久留米商の間で栄冠をかけた決勝戦を行った。この日、作新は気力の加藤が久留米商打線を5安打に押えればバックも鉄壁の守備、ついに七回、二死満塁に中野が運命の決勝打をレフト前にたたいて見事1―0で初優勝。夏大会初の利根川越えの偉業をなし遂げるとともに春の選抜に続き、永い高校球史に全く前例のない連続優勝の金字塔を樹立した。八木沢欠場のあとを加藤が、ナイン全部の団結が、この栄光を実力でかち取ったのだ。

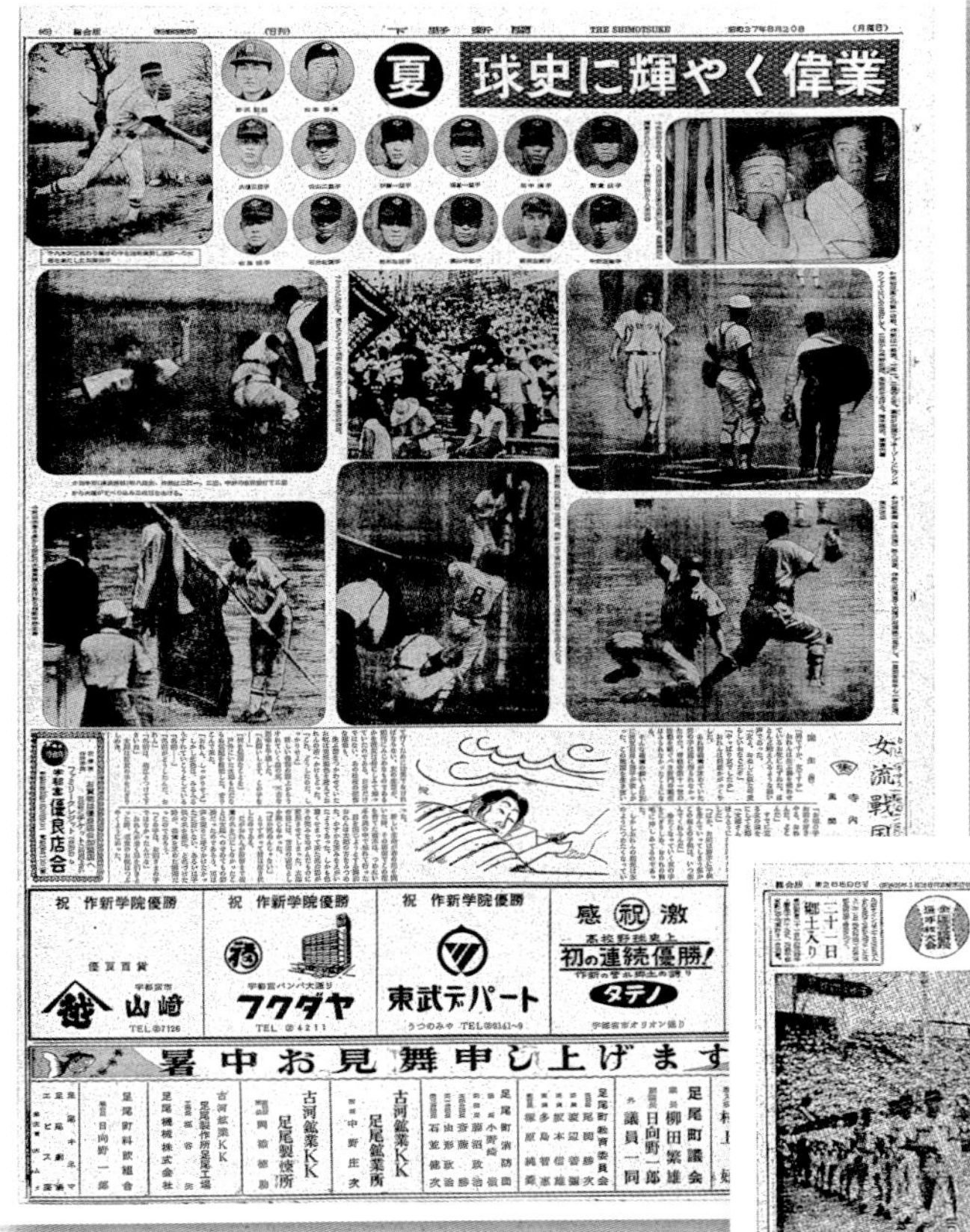

深紅の大優勝旗　初めて大利根を渡る

エース八木沢の欠場　ナイン全員でカバー

選手権大会　作新―久留米商決勝　優勝の瞬間、握手を交わし喜びを分かち合う作新バッテリー

延長18回引き分け再試合も 名勝負を勝ち抜き"春"を制す

　この年の作新学院は春から強豪校の実力を思う存分に発揮していた。前年秋の関東大会で高い戦力が評価されて「センバツ切符」が舞い込んでくる。大会前の下馬評でも「優勝候補」の一角に数えられるほどだったという。

　選抜大会初戦の2回戦は久賀（山口）を相手に全員安打の猛攻で5―2と快勝。しかし続く準々決勝の八幡商（滋賀）戦は白熱した投手戦となり、延長18回でも0―0のまま決着がつかず再試合に。再試合では2―0と八幡商を突き放してベスト4進出を果たした。

　準決勝の松山商（愛媛）戦では、連投の主戦・八木沢荘六投手（元ロッテ監督）に疲れが出たため、今大会初登板の加藤斌投手（元中日＝1965年に交通事故死）にスイッチ。加藤投手が延長16回まで粘り強く投げ抜き、3―2で辛勝した。決勝の日大三（東京）も息詰まる投手戦の末に八木沢の力投で1―0と振り切り、選抜大会初優勝を飾った。

歴史的快挙に県民歓喜 凱旋パレードに25万人集まる

　当時の高校野球界には"選抜大会の優勝校は夏の全国大会に優勝できない"というジンクスがあった。そうした中、春の覇者として夏に臨んだ作新学院は、甲子園本番前に大黒柱の八木沢投手が赤痢と診断されて隔離入院する災難に襲われる。ところが、その絶体絶命のピンチを二番手の加藤投手の見事な投球とナインの団結とではね返す。気仙沼（宮城）との1回戦は、延長11回の投手戦を制して2―1と勝利。2回戦の慶応（神奈川）戦は全員安打の猛攻で7―0の完勝、準々決勝の岐阜商（岐阜）も着実に得点を重ねて9―2と圧勝した。

　そして「事実上の決勝」と呼ばれた準決勝の中京商（愛知）戦。0―0のまま迎えた8回、作新学院は3安打を集中して決定的な2点を奪い、加藤が相手打線を3安打完封する活躍で決勝進出を決めた。決勝の久留米商（福岡）も加藤の力投とバックの好守で1―0の勝利を収め、「ジンクス」を打ち破った。

　春の選抜大会の「紫紺の優勝旗」、夏の選手権大会の「深紅の大優勝旗」がともに初めて利根川を越えた。前人未到の春夏連覇に県民は歓喜し、宇都宮市内での凱旋パレードには25万人が集まったとされる。

「春の勝者は夏勝てない」高校野球界のジンクス破る

春の控え投手・加藤が躍動

【選手権大会】

▽1回戦　延長11回

作新学院	100	000	000	01	2
気仙沼	000	100	000	00	1

▽2回戦

作新学院	101	210	020	7
慶応	000	000	000	0

▽準々決勝

岐阜商	000	000	002	2
作新学院	100	010	07×	9

▽準決勝

作新学院	000	000	020	2
中京商	000	000	000	0

▽決勝

久留米商	000	000	000	0
作新学院	000	000	10×	1

【選抜大会】

▽2回戦

作新学院	000	120	020	5
久賀	000	200	000	2

▽準々決勝　延長18回引き分け

八幡商	000	000	000	000	000	000	0
作新学院	000	000	000	000	000	000	0

▽準々決勝　再試合

作新学院	001	000	010	2
八幡商	000	000	000	0

▽準決勝　延長16回

作新学院	101	000	000	000	000	1	3
松山商	000	010	001	000	000	0	2

▽決勝

作新学院	000	000	010	1
日大三	000	000	000	0

作新黄金時代の幕開け

富山国体では初出場初優勝

栃木大会4連覇、悲願の甲子園切符を手中に

作新学院の甲子園デビューは、1958（昭和33）年夏の選手権大会。同大会は第40回を記念して1県1校の出場と決まり、全国46都道府県の代表チームと、当時まだ本土復帰していない沖縄のチームの初参加により全47校が甲子園と西宮の2球場で熱戦が繰り広げられることになった。

作新学院は同大会の県予選で小山城南、宇都宮商、栃木、宇都宮学園を次々と撃破して決勝に進出。決勝では宇都宮工を6－2と退け、夏の県大会4連覇を飾るとともに悲願だった全国選手権大会出場を決めた。

初の大舞台に臨んだ作新学院は、西宮球場での初戦（2回戦）で大分上野丘（大分）と激突。二回に2点、五回に1点を挙げてペースをつかみ、相手の反撃を2点に抑えて3－2と振り切った。3回戦も西宮球場で済々黌（熊本）と対戦し、四回に1点を先制されたものの、六回に同点、七回に逆転に成功して2－1と競り勝った。

続く準々決勝では憧れの甲子園球場を舞台に名門・高松商（香川）と延長十一回の熱戦を展開。十一回表二死満塁から五番打者の鈴木が中前適時打を放ち、その裏の相手の必死の食い下がりを退けて2－1と勝利した。

準決勝の相手は、優勝候補の徳島商（徳島）。剛腕・板東英二投手（現タレント）を擁し、準々決勝では魚津（富山）・村椿輝雄投手との延長十八回、息詰まる投手戦を演じ、再試合の結果、徳島商が3－1で勝利していた。この剛腕投手を相手に作新学院は八回まで1－1と好勝負を演じたが、最終回の守りでエラーが続き決定的な3点を許してしまった。

しかし、初出場で堂々のベスト4進出を果たした作新ナインに県民からは惜しみない拍手が送られた。この甲子園での好成績により富山での秋季国体への出場権を得た作新学院は決勝で高松商を1－0と下して国体初出場初優勝を達成。作新学院の黄金時代の幕開けを高らかに告げた。

甲子園初出場でベスト4になり、宇都宮駅で歓迎を受ける作新学院ナイン

甲子園初出場でベスト4

名門、優勝候補と名勝負の数々演じる

作新ナイン御苦労さん
国鉄宮駅に歓迎の人波
校旗先頭に行進
真黒に日焼け、奮戦語るユニホーム
拍手の嵐に紙吹雪舞う
菱村に出刃強盗
決議、宣言などを採択
原水爆禁止国際会議終る
ここに泉あり
ストップ食堂
急病の世話も再々
夜通し定期トラック相手
全国高校野球
柳井高、初優勝飾る
板東投手に猛打浴す
川上、最終回に殊勲打
作新、国体に出場決る
よくやった！作新ナイン
初陣で堂々作新旋風
東日本の面目賭け死闘
火災保険30万円詐欺
農協の飛躍的発展図る
玉生など七赤字組合
十二月までに整備指定
日中関係、新手打たぬ
作新、決勝進出を逸す
4-1 徳島商に敗れる
六千三百万円
まず応援団に有難う
作新かく戦えり
最終回に手痛い失策
作新、徳島商と準決勝
ファイトで体当り
徳島商準決勝へ
阪神、巨人に半ゲーム
山中二百に世界新

▽２回戦　西宮球場

大分上野丘	000	001	001	2
作新学院	020	010	00×	3

▽３回戦　西宮球場

作新学院	000	001	100	2
済々黌	000	100	000	1

▽準々決勝　甲子園　延長11回

作新学院	000	000	000	02	2
高松商	000	000	000	01	1

▽準決勝　甲子園

徳島商	001	000	003	4
作新学院	001	000	000	1

「怪物」江川 雨中に散る

満塁策から押し出しサヨナラ負け…非情な幕切れ

「怪物」と称された江川卓（野球解説者）の甲子園デビューは鮮烈だった。1973（昭和48）年春の選抜大会。1回戦の北陽（大阪）戦で初回をいきなり三者連続三振でスタートし、1試合で計19と三振の山を築いた。続く2回戦の小倉南（福岡）で10奪三振、準々決勝の今治西（愛媛）戦では20奪三振を記録する奪三振ショーを披露。準決勝の広島商（広島）戦には1－2と敗れたものの、4試合で計60奪三振という大会記録を樹立した。

甲子園での快投により、江川フィーバーは一層過熱。夏の選手権栃木大会では、江川の快腕を一目見ようと試合会場に長蛇の列ができた。そうした中で、江川投手は同大会でのノーヒットノーランが決勝を含めて3試合、無失点記録を140イニングに更新するなど期待にたがわぬ快投。秋、春、夏の県大会通算で12の完全試合、ノーヒットノーランを達成するという不滅の大記録も達成した。

「怪物」の異名をとった江川卓。高校3年間で完全試合とノーヒットノーランは計12試合

そうした状況で迎えた江川にとっての最後の全国選手権大会。1回戦の柳川商（福岡）では本来の球のキレを欠き、六回に2長短打を浴びて先取点を許す苦しい展開となった。作新学院も七回に安打と敵失などで同点とし、1－1で延長戦に突入。江川は粘り強く投げ抜き、延長十五回に自らの三塁打で劇的なサヨナラ勝ちを決めた。

続く2回戦の銚子商（千葉）戦も0－0のまま延長戦に入った。試合中に雨が強まり、マウンドが泥だらけになったことが江川の投球に影響を与える。延長十二回裏、先頭打者に四球を与えた後、安打を許して一、三塁となったため、続く打者を敬遠して満塁策をとった。ところが江川が続く打者にボールカウント2－3から投じたボールが高めに浮いて押し出しのサヨナラ負け。怪物と呼ばれた投手が甲子園を去るには、あまりにあっけなく、非情な幕切れだった。

甲子園で奪三振ショー

センバツで60奪三振の大会記録樹立も

作新、気力のサヨナラ　延長15回

江川、23三振を奪う　145イニングで終止符

低い重心、強い…　江川投手の投球フォーム

不振ばん回の一打

完全に抜けると思った

銚子商、延…

江川、敗戦にも淡々と…

「高校野球は終った」　18歳に重かった雑音

快速球ついに出ず　怪物江川何が狂わせた

押し出しにガックリ　泊まり込みのファン

黒潮打線に脱帽　作新４安打で本塁踏めず

藤沢商、決定打欠く　盛岡三、スクイズで決勝点

日大山形、善戦及ばぬ　高鍋、前半で試合決める

人気の重みに倒れた"怪物"

第二幕・たそがれエレジー

「負けたのは力の差だ」江川　雨に濡れた最後の白球

祈る気持で「打って」

羽黒山に温泉湧く

悲運・作新！１点に泣く

12回、痛恨の押し出し　江川に打線の援護ない

今秋10月に着工　50年度中完成へ

中東航空機乗っ取り　テルアビブに着陸

九時半ごろ当落判明

国会、全面正常化へ

高らかに「光り満ちたり……」

制覇へにがい勝利　イライラの三時間余

経路に目撃者現れず

冷凍食品から金属物

【選抜大会】

▽１回戦

北陽	000	000	000	0
作新学院	010	001	00×	2

▽２回戦

小倉南	000	000	000	0
作新学院	010	232	00×	8

▽準々決勝

作新学院	001	011	000	3
今治西	000	000	000	0

▽準決勝

作新学院	000	010	000	1
広島商	000	010	01×	2

【選手権大会】

▽１回戦　延長15回

柳川商	000	001	000	000	000	1
作新学院	000	000	100	000	001×	2

▽２回戦　延長12回

作新学院	000	000	000	000	0
銚子商	000	000	000	001×	1

HOKKAI
HOKKAI
HOKKAI

SPRIDE 特別号

第98回 全国高校野球選手権大会
作新学院 全国制覇

2016年9月10日　初版第1刷　発行

写真・文　下野新聞社　編集局　写真映像部
運動部
デジタル編集部
デジタル推進室

編集・発行　下野新聞社
〒320-8686　栃木県宇都宮市昭和1-8-11
TEL.028-625-1135（編集出版部）FAX.028-625-9619
http://www.shimotsuke.co.jp/

制作　graphic hand's　半田明宏
印刷・製本　株式会社井上総合印刷

ISBN978-4-88286-632-9

Printed in Japan